Unverkäufliches Leseexemplar
Broschur, ca. DM 29,80
Auslieferung: 14. Februar 1983
Bitte veröffentlichen Sie Ihre
Rezensionen nicht vor dem
23. Februar 1983

Jiří Gruša

Franz Kafka aus Prag

S. Fischer

Für diese Ausgabe:

Die Zitate wurden den ›Gesammelten Werken Franz Kafkas‹,
herausgegeben von Max Brod, entnommen.

Lektorat: Knut Beck
Typographie und Gestaltung: Peter W. Schmidt
Fotos: Jiří Gruša
Gesamtherstellung: Kösel, Kempten
Printed in Germany
ISBN 3-10-028603-0

Der Schuß von der Marienschanze

Raban schaute auf die Uhr eines scheinbar nahen, ziemlich hohen Turmes, der in einer tiefer gelegenen Gasse stand: Eine kleine, dort oben befestigte Fahne wurde, für einen Augenblick nur, vor das Zifferblatt geweht. Eine Menge kleiner Vögel flog herab als eine zwar schwankende, aber immer eben bleibende Fläche. Es war fünf Uhr vorüber. – Raban stellte seinen mit schwarzem Tuch benähten Handkoffer nieder, lehnte den Schirm an einen Türstein und brachte seine Taschenuhr, eine Damenuhr, die an einem schmalen, schwarzen, um den Hals gelegten Band befestigt war, in Übereinstimmung mit jener Turmuhr …

Diese eigentlich kleinstädtisch-idyllisch anmutende Szene aus Kafkas frühem Romanfragment ›Hochzeitsvorbereitungen auf dem Lande‹ ist mit einer Genauigkeit in Prag angesiedelt, daß sie auf einem Stadtplan eindeutig zu bestimmen ist. Prag hatte sich damals, etwa 1907, noch nicht in jenes Überall und Irgendwo verwandelt (wenn auch für das tschechische Auge immer die ursprüngliche Höhenlinie des genius loci durchscheint), welches die synthetische Landschaft des reifen Kafka bilden wird … und es war diese Fahne, die, zum Zeichen, daß astronomisch (eigentlich astrologisch) alles noch – heute noch – in Ordnung ist, auf der Galerie der Dientzenhoferschen Sternwarte im Klementinum, wo man den Stern des Reiches bewachte, Tag für Tag in Richtung Hradschin aufgezogen wurde. Mittag für Mittag gab der Verweser der k.u.k. Zeit dem k.u.k. Feuerwerker, der das Geschütz auf der Marienschanze bediente, damit das Zeichen zum Schuß. Die Zeit der Türme konnte so aufs neue abgestimmt werden, die Beamten stellten die Uhren, und auch die Prager versuchten, ähnlich wie Raban wenigstens für diesen Moment und irgendwie instinktiv in althergebrachter Weise ihre innerlich abweichende Zeit mit dieser von Stein und Turm in Übereinstimmung zu bringen. Als ob mit dieser Geste die Unsicherheit überwunden werden könnte, als ob in der Zeit überhaupt irgendein Dauern enthalten sei. Denn das Maß auf dem Turm ist eine Institution, es ist (oder war) eigentlich Asyl – und mit ihm übereinzustimmen, bedeutete auch, in seiner alten, unstreitigen Seligkeit geborgen zu sein. Doch die Uhren in Böhmen gingen schon verschieden. Im Judenviertel sogar nach außen hin rückwärts, und in den Palästen der Kleinseite war es, als ob sie A.D. 1806 stehengeblieben wären, denn dorthin wies das Zifferblatt des alten römischen Reiches. Und die tschechischen erschienen unordentlich, wenn es denn überhaupt Uhren waren und sich die tschechische Seele nicht immer noch bäuerlich orientierte, an der Sonne und an den Hühnern. Während es schien, daß der deutsche Chronometer immer hektischer tickte, voller Ungeduld, irgendeine Ordnung zu schaffen, irgendein Entweder-Oder, irgendein Zählen wieder von Null an aufwärts, von wo man übersichtlich zählen konnte – als ob die Null nicht eine zwar kleine, doch kaum zu übersehende Möglichkeit böte, sich herabzulassen ins Reich der negativen Zahlen.

Nein, nein, die Zeit in Böhmen war erschüttert, und nur der Schuß rief zu einer wenigstens formalen Korrektur. Dann jedoch verklang das Dröhnen, und die aufgescheuchten Tauben kehrten jede zu ihrem Krümelchen zurück, zu ihrem Stein im Pflaster Prags. Alle Formen des Zusammenlebens und der Zusammenarbeit, auch alle Formen des Herrschens und Beherrschens sowie jede Beziehung zum – sagen wir – Übersinnlichen waren unsicher geworden.

Schloß, *Ghetto* und *Dorf* als bisher gültige Symbole der Verankerung gerieten in Bewegung, und Prag als Legierung dieser drei, als das größte Dorf, als die größte der Kleinstädte, schwamm eigentlich schon auf einem Eisberg. Vorbereitet hatte sich diese tektonische Verschiebung schon lange. Damals schon, als das nachreformatorische Böhmen von oben und mit Gewalt rekonstruiert und ihm gerade in dieser, der barocken Kultur eine Einheit aufgezwungen wurde, die zwar den bisherigen Partikularismus des Glaubens und der Politik überwand, jedoch auf dem Prinzip der Rollenteilung zwischen Schloß und Dorf beruhte (mit dem angeklebten Bienenstock des Ghettos), stellte diese Teilung im Unterschied zu anderen Ländern nicht nur eine soziale, sondern auch mehr oder weniger eine ethnische Schichtung dar – jedenfalls dort, wo diese drei Bestandteile ihren deutlichsten Ausdruck fanden. Bei aller Blutigkeit ihres Entstehens war diese Gemeinschaft schließlich fruchtbar und kennzeichnete ihre Akteure auf Dauer. Äußerlich freilich zusammengeflickt mit Habsburger Rohgarn und eigentlich von der »konfuzianischen« Institution des Kaiserreiches mit seinem Mandarinismus der Beamtenschaft, mit seinem Adel, abhängig von außerhalb des Landes, und mit einem Militär, das erst einmal das Militär des Reiches war (und dann erst Böhmens), konnte sich diese fast »chinesische« Staatsreligion (deshalb ist auch die chinesische Metaphorik bei Kafka nichts Exotisches) nur so lange halten, wie ihr barockes Fundament dauerte, oder so lange, wie sie durch es und in ihm transzendierbar war.

Sie zeigte zwar schon eine unglaubliche Lebenskraft im fast hundertjährigen Kampf mit der Aufklärung, die (ähnlich wie Kafkas Nomaden) aus dem Norden kam, aber schließlich unterliegt sie ihr. Der staatliche Versuch, die Vergangenheit doch irgendwie zu erneuern, bleibt im Biedermeier stecken, in jener »Verstandesromantik«, deren üppige Blüte jenes Zeitalter überspannt, in dem vielleicht noch eine andere Einheit in einer Art – sagen wir – Wahlverwandtschaft erreichbar gewesen wäre. Deshalb ist der Augenblick, in dem ein gewisser Herrmann Kafka geboren werden *darf* (denn die Bindung an Ort und Schicksal entfällt), auch der Augenblick, zu dem von unten jene Bewegung begonnen wird, in der das einst von oben Verbundene sich aufs neue in seine Bestandteile auflöst. Das Schloß schließt sich, fast instinktiv, um so mehr in sich zusammen. Es ragte auch so schon eher stiefväterlich als väterlich über die Gegend, es wird deshalb nicht schwerfallen, es für fremd zu halten und natürlich ohne *auctoritas* (ohne Autorität, aber von »augere« her verstanden, sehen, vor Augen sein, sich selbst offenbar sein), denn die Augenfälligkeit seines Sinnes wird in Frage gestellt, ohne daß es selbst aufhört, Sitz der Lebensfülle und des Willens zu sein. Das unterstreicht nur das Anderssein des Schlosses, seines Geheimnisses, das jedoch anlockt – ähnlich wie jene dreizehnte Kammer, in die zu gehen zwar verboten ist, die aber um so mehr reizt, geöffnet zu werden … falls überhaupt etwas darin ist. So wird das neunzehnte Jahrhundert in Böhmen zum Jahrhundert der Eroberung des Schlosses oder – mit Kafka – des Versuches, auch dort einzudringen.

Das Dorf entvölkert sich – paradoxerweise –, denn es wird größer. Ja, gerade in dem Maße, in dem es typisch tschechische Kommune war, und also zweckvoll reduziert auf sein chthonisches Wesen, auf sein »Slawentum« und dessen doch eher matriarchalischen Charakter (in dieser Hinsicht war dies ohnehin dem patriarchalischen Schloß unverständlich: böhmisches Dorf). Es ist zwar entschlossen, sich dieses Bauwerks auf der Anhöhe zu bemächtigen, aber der Weg nach oben führt fort vom bekannten Boden, heißt

Verlust, heißt »Bodenlosigkeit« – und wieder paradoxerweise: in den Werken größerer Lebensfülle und Wollens heimisch zu werden bedeutet gerade von diesem Punkte an zu *wollen* in Übereinstimmung mit dem vergangenen (allem vergangenen) Wollen, oder: herrschaftlich zu wollen. Dafür aber war die Unterbrechung zu lang, und keiner Berufung auf den Status ante quo gelang es, die eigene Ratlosigkeit und die tiefsitzende Gewohnheit, sich ein Stockwerk tiefer zu bewegen – unter dem Schloß –, gänzlich zu überbrücken. Der tschechische Weg zur Geschichte beginnt deshalb mit der in gewisser Weise kindischen Bejahung von Geschichtslosigkeit. Und auch diese Eroberer des Schlosses werden gefährlich stigmatisiert sein: in ihrem plebejischen Verhalten.
Auch das Ghetto öffnet sich. Und ebenso trügerisch. Als ob es sich inmitten einer Kluft befände, die hier zwischen Dorf und Schloß entstanden ist. Eigentlich geht es wohl eher unter, und diejenigen, die sich herausarbeiten, stellen plötzlich fest, daß sie ihr Woher weiter mit sich tragen.
Drei Zeiten ticken unterschiedlich. Drei Gemeinschaften sind in ihrem Wesen vom Verlust der Identität betroffen. Das ist der *Prozeß*, der hier abläuft, Österreich, diese »Menschheit im Kleinen« ist ihr Weltlaboratorium. Der Schuß von der Marienschanze kann das nicht mehr überdecken. Eher unterstreicht er die provinzielle Einrichtung des Laboratoriums, die derart im Kontrast steht zur Bedeutung des Versuchs, der hier stattfindet. Ja, die Szene ist die Kleinstadt, denn Dorf und Schloß und natürlich auch das Ghetto haben sich bei all ihrem verbissenen Von-einander-Ablösen in dieses biedere und grausame Nest des Kleinen nivelliert, in dem die Groteske blüht. Denn auch sie ist bieder – und grausam.
Noch sind hier alle beisammen. Noch kommt aus ihrer Mitte, aus der Mitte Böhmens und aus der intimsten Mitte der Stadt dieser F. K. Noch planen sie die Zukunft – als das, was im Rhythmus der Zeit, dieser ihrer Zeit für sie arbeitet. Nur in jener Kluft – in der das ehemalige Ghetto sich befindet –, nur in ihr und nur (am ehesten) aus ihr läßt sich ersehen, daß die Zukunft auch etwas sein kann, was auf den Menschen herabstürzt. Daß die Zeit auch das Ende der Zeiten sein kann und die Gegenwart Fehlen und Fragen ... vernichtende *Verwandlung*. Die Augen Raban-Kafkas sind derart aufnahmefähig. Im Unterschied zu denen aus dem Schloß haben sie die Erfahrung der Paria (gemeinsam mit dem Dorf), aber sie sind nicht plebejisch, denn in ihnen leuchtet das Bewußtsein uralter und auserwählter Herkunft. Und natürlich auch der ererbte Sinn für die Endzeit, sowie für das *Gericht* über sie. Deshalb kann K. quer zur Zeit gehen – durch jene Vergegenwärtigung, die noch nicht im gerade Vergangenen ist. Er kann »die Zeit aufheben«, ohne daß sein »Jetzt und Gestern« vergeht. Später wird er schreiben:

Er hat zwei Gegner: der erste bedrängt ihn von hinten, vom Ursprung her. Der zweite verwehrt ihm den Weg nach vorn. Er kämpft mit den beiden. Eigentlich unterstützt ihn der erste im Kampf mit dem zweiten, denn er will ihn nach vorn drängen und ebenso unterstützt ihn der zweite im Kampf mit dem ersten: denn er treibt ihn zurück. So ist es aber nur theoretisch. Denn es sind ja nicht nur die zwei Gegner da, sondern auch noch er selbst, und wer kennt eigentlich seine Absichten? Immerhin ist es sein Traum, daß er einmal in einem unbewachten Augenblick – dazu gehört allerdings eine Nacht, so finster, wie noch keine war – aus der Kampflinie ausspringt und wegen seiner Kampfeserfahrung zum Richter über seine miteinander kämpfenden Gegner erhoben wird.

Jiří Gruša

SMRT PLÁTENÍKOVI
TO JE TAKT! NA HSV
MONTE CARLO
PRO MLÁDEŽ V NEDĚLI
NA 31m VKV

Das unnahbare Schloß – ein Phänomen des Landes. Man darf sich Kafkas ›Schloß‹ nicht an einem bestimmten Ort vorstellen, weil Schlösser sich über jeder größeren böhmischen Siedlung erhoben, unnahbar, von »unzulänglichen Bevölkerungen« umgeben; man verhandelte von dort mit ihnen lediglich durch Mittler, die Anordnungen weitergaben; immer ein wenig herablassend, im Bewußtsein, aufgrund der räumlichen Ordnung die Übersicht zu haben, vor allem aber in der Meinung, hier sei ein Mensch – Deutscher, Tscheche oder Jude (so die Stufen der Verächtlichkeit) – nur ein servus camerae, ein Gemeiner.

Das Schloß der Schlösser aber erhob sich über Prag und gehörte, der Windrose nach, die auf Wien weist, dem Grafen Süd-Süd. Die meiste Zeit war es nicht bewohnt von ihm, aber besetzt von allerlei höheren und niederen Beamten. Eine steile Treppengasse führte von der Stadt hinauf, eng, an Häusern vorüber, deren Wandputz abbröckelte – vergleichbar den vielen Gassen »unten«, im »Städtchen«, wo die Kleinen und Fügsamen mit »ihrer hartnäckigen Teilnahme« lebten, Menschen mit »förmlich gequälten Gesichtern« und »wulstigen Lippen«.

Ich sehe in der Ferne eine Stadt, ist es die, welche du meinst? Es ist möglich, doch verstehe ich nicht, wie du dort eine Stadt erkennen kannst, ich sehe dort etwas erst, seitdem du mich darauf aufmerksam gemacht hast, und auch nicht mehr als einige undeutliche Umrisse im Nebel.
O ja. Ich sehe es, es ist ein Berg mit einer Burg oben und dorfartiger Besiedelung auf den Abhängen.
Dann ist es jene Stadt, du hast recht, sie ist eigentlich ein großes Dorf.

»Die« Prag – auf tschechisch ist diese Stadt weiblich, wie »die« Tod es ist, die Nacht und die Liebe. Sie liegt unterhalb ihres Schlosses, im Gegensatz zu ihm aber nie unnahbar oder verschlossen, sondern allumfassend, allempfangend, fast entschlossen, es zu verschlingen oder zu erobern, dabei sich selbst beharrlich treu; »die Mutter« mit Krallen fasziniert alle, deren sie sich bemächtigt. Ein Jahrtausend lang zeugte sie Kreuzungen, Vollblütige und Halbblütige, Schwache und Starke, Deutsche, Tschechen und Juden, die unten, im »Fünften« Viertel sangen:
»denn tausend Jahre sind vor dir wie ein Tag, der gestern vergangen ist«.

... nun ist es merkwürdig, und darüber wundere ich mich immer wieder von neuem, wie wir uns in unserem Städtchen allem ruhig fügen, was von der Hauptstadt aus angeordnet wird. Seit Jahrhunderten hat bei uns keine von den Bürgern selbst ausgehende politische Veränderung stattgefunden. In der Hauptstadt haben die hohen Herrscher einander abgelöst, ja sogar Dynastien sind ausgelöscht oder abgesetzt worden und neue haben begonnen ... auf unser Städtchen hat das eigentlich keinen Einfluß gehabt. Unsere Beamtenschaft war immer auf ihrem Posten, die höchsten Beamten kamen aus der Hauptstadt, die mittleren Beamten zumindest von auswärts, die niedrigsten aus unserer Mitte, und so blieb es und so hat es uns genügt.

Die Stadt und das »Fünfte« Viertel. Obwohl das Ghetto 1852 offiziell aufgelöst worden war, behielt es bis zur Jahrhundertwende sein Gesicht, seine Eigenart und Atmosphäre.

Ich heiße hebräisch Amschel,
wie der Großvater meiner Mutter
von der Mutterseite …

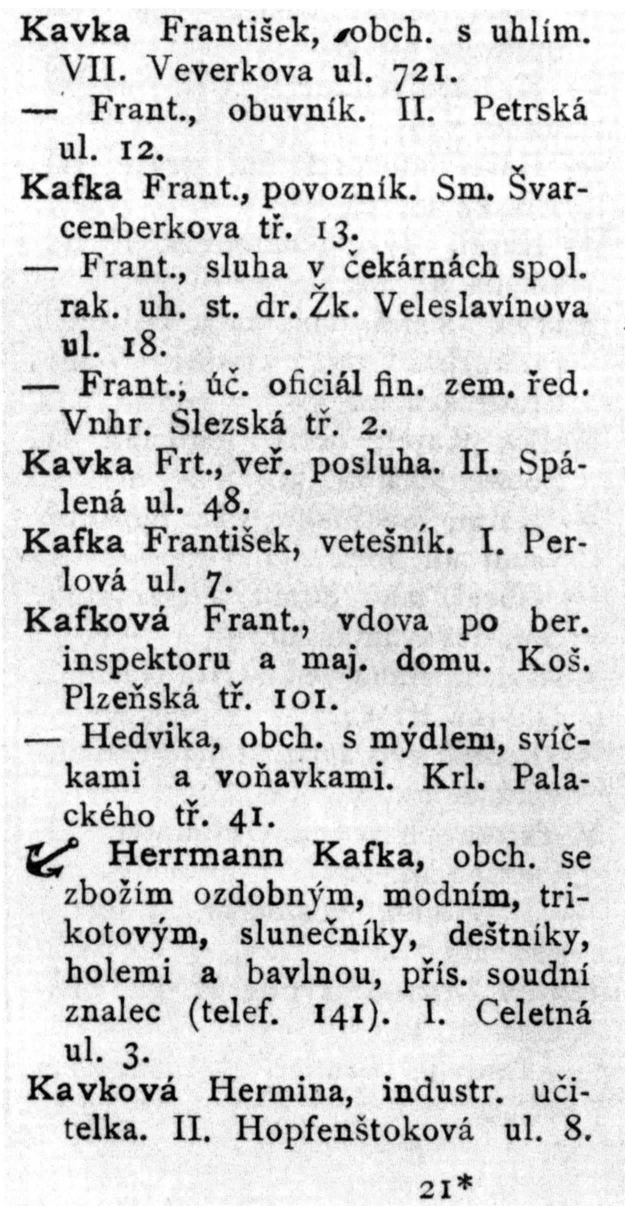

Kavka František, obch. s uhlím. VII. Veverkova ul. 721.
— Frant., obuvník. II. Petrská ul. 12.
Kafka Frant., povozník. Sm. Švarcenberkova tř. 13.
— Frant., sluha v čekárnách spol. rak. uh. st. dr. Žk. Veleslavínova ul. 18.
— Frant., úč. oficiál fin. zem. řed. Vnhr. Slezská tř. 2.
Kavka Frt., veř. posluha. II. Spálená ul. 48.
Kafka František, vetešník. I. Perlová ul. 7.
Kafková Frant., vdova po ber. inspektoru a maj. domu. Koš. Plzeňská tř. 101.
— Hedvika, obch. s mýdlem, svíčkami a voňavkami. Krl. Palackého tř. 41.
⚓ **Herrmann Kafka,** obch. se zbožím ozdobným, modním, trikotovým, slunečníky, deštníky, holemi a bavlnou, přís. soudní znalec (telef. 141). I. Celetná ul. 3.
Kavková Hermina, industr. učitelka. II. Hopfenštoková ul. 8.

21*

Amtlich trug Franz Kafka den tschechischen Namen seines Vaters, der von dem Wort ›kavka‹, Dohle, abgeleitet ist. Diesem kleinen Rabenvogel erkennt die Volksweisheit der böhmischen Landbevölkerung die Gabe der Wahrsage zu. Das hunderttürmige Prag behielt diese Tiere immer in seinen Mauern, obwohl man glaubte, daß eine Stadt, über der diese Vögel in plötzlichem Schwarm auffliegen, dem bösen Geist des Krieges ausgesetzt sei.

Zu Beginn des Jahrhunderts lebten mehrere Personen mit diesem Namen in Prag. Herrmann Kafka, der Vater, der durchaus nicht wohlhabend aus Südböhmen gekommen war und sich mit »kleinen Geldmitteln … fleißig« hochgearbeitet hatte, war aber der einzige von ihnen, der im Adreßbuch der Stadt durch einen Anker hervorgehoben war: das Zeichen dafür, daß er als vereidigter Gutachter beim Handelsgericht eingetragen war. Er hatte sich unter dem Schloß gleichsam verankert.

Der Adreßbucheintrag:
Herrmann Kafka, Geschäft für Weißwaren, modische Trikots, Sonnen- und Regenschirme, Spazierstöcke und Baumwollwaren, Vereidigter Gutachter beim Handelsgericht (Telefon 141) I, Zeltnergasse 3.

The Continental Bodega Company
SPECIALITY VÍN ŠPANĚLSKÝCH A PORTUGALSKÝCH — PŘÍMÝ IMPORT.
SPECIALITÉS DE VINS D'ESPAGNE ET DE PORTUGAL. IMPORT. DIRECTE.
SPECIALITÄTEN DER SPANISCHEN UND PORTUGISISCHEN WEINE. DIRECTER IMPORT.
NA PŘÍKOPĚ 15. PRAHA-PRAG. NA PŘÍKOPĚ 15.
ADRESÁŘ KRÁL. HLAVN. MĚSTA PRAHY A SOUSEDNÍCH OBCÍ.
1901
PRVNÍ ČESKÁ TOVÁRNA NA
SULTÁNSKÝ CHLÉB MANNA HALVA
ORIENTÁLSKÉ CUKROVINKY A ČOKOLÁDU.
ČESKÉ KAKAO
KRÁL. VINOHRADY
„PLZENKA".
A. MARŠNER
TURECKÝ MED
PEČIVO K ČAJI
SUČUKY
ČOKOLÁDOVÉ BONBONY
ČOKOLÁDA
SKLAD
v PRAZE, Ferdinandová tř. proti „CHODĚROVI".

Ich wäre glücklich gewesen, Dich als Freund, als Chef, als Onkel, als Großvater, ja selbst (wenn auch schon zögernder) als Schwiegervater zu haben. Nur eben als Vater warst Du zu stark für mich ... ein wirklicher Kafka an Stärke, Gesundheit, Appetit, Stimmkraft, Redebegabung, Selbstzufriedenheit, Weltüberlegenheit, Ausdauer, Geistesgegenwart, Menschenkenntnis, einer gewissen Großzügigkeit, natürlich auch mit allen zu diesen Vorzügen gehörigen Fehlern und Schwächen, in welche Dich Dein Temperament und manchmal Dein Jähzorn hineinhetzen. Nicht ganzer Kafka bist Du vielleicht in Deiner allgemeinen Weltansicht... Du hattest Dich allein durch eigene Kraft so hoch hinaufgearbeitet, infolgedessen hattest Du unbeschränktes Vertrauen zu Deiner Meinung... In Deinem Lehnstuhl regiertest Du die Welt. Deine Meinung war richtig, jede andere war verrückt, überspannt, meschugge, nicht normal. Dabei war Dein Selbstvertrauen so groß, daß Du gar nicht konsequent sein mußtest und doch nicht aufhörtest recht zu haben. Es konnte auch vorkommen, daß Du in einer Sache gar keine Meinung hattest und infolgedessen alle Meinungen, die hinsichtlich der Sache überhaupt möglich waren, ohne Ausnahme falsch sein mußten... Du bekamst für mich das Rätselhafte, das alle Tyrannen haben, deren Recht auf ihrer Person, nicht auf dem Denken begründet ist. Wenigstens schien es mir so.

Du hast auch eine besonders schöne, sehr selten zu sehende Art eines stillen, zufriedenen, gutheißenden Lächelns, das den, dem es gilt, ganz glücklich machen kann. Ich kann mich nicht erinnern, daß es in meiner Kindheit ausdrücklich mir zuteil geworden wäre, aber es dürfte wohl geschehen sein, denn warum solltest Du es mir damals verweigert haben, da ich Dir noch unschuldig schien und Deine große Hoffnung war. Übrigens haben auch solche freundliche Eindrücke auf die Dauer nichts anderes erzielt, als mein Schuldbewußtsein vergrößert und die Welt mir noch unverständlicher gemacht.

Dieses Haus Nr. 1/27 Ecke Maiselgasse/Karpfengasse am Rand des Ghettos, genannt »Zum Turm«, war keine besonders gute Adresse: jeder Besucher, der sich vom Kleinen Ring her durch den Laubengang in Richtung auf das »Fünfte«, das jüdische Viertel näherte, spürte durchdringenden Schnapsgeruch aus der verrufenen, niedrig im Keller halb verborgenen Ausschankbude Batalion.
Hierher brachte Herrmann Kafka seine Frau Julie, die »unbedingt richtige«, die aus einer »bestimmten jüdischen Klasse« erworbene – sie stammte aus der alten Familie Löwy aus Poděbrad –, die ihm im Jahre 5643 nach Entstehung der Welt einen Sohn gebar.
Das Haus »Zum Grünen Frosch« gegenüber ist das einzige vom Rand des »Fünften«, des jüdischen Viertels, das die 1893 begonnene Sanierung an dieser Stelle überdauert hat.

Links: Das Haus »Zum Turm« im Jahre 1983
Oben: Der Blick vom Tor des Hauses auf den damals sogenannten »Hühnermarkt« vor dem Abbruch der alten Häuser.

»... halb Kätzchen, halb Lamm« – K wie Kafka, L wie Löwy. Der Sohn, an dem der Vater Gefallen haben soll, ausstaffiert, als ob dies je gelingen könnte. Standesbewußt, ein wenig überhöht, wurde der Salonphotograph bestellt – er erkannte die »Kreuzung«; objektiv sah er bereits, was der Vater erst ahnte: die richtige, die bestimmte jüdische Klasse aus Poděbrad war viel zu weich für das, was er von ihr erwartete.

Es ist ein Erbstück aus meines Vaters Besitz. Entwickelt hat es sich aber doch erst in meiner Zeit, früher war es viel mehr Lamm als Kätzchen. Jetzt aber hat es von beiden gleich viel. Von der Katze Kopf und Krallen, vom Lamm Größe und Gestalt; von beiden die Augen, die flackernd und mild sind.

Mit einer schönen Wunde kam ich auf die Welt; das war meine ganze Ausstattung.

Fuchs
PRAGUE

K. aus der Josefstadt. So hatte sich das Ghetto dankbar benannt, nachdem Kaiser Joseph II. 1781 hinter dieser Synagoge auf dem Roten Ring das eiserne Tor, das dieses »Fünfte« Viertel von den übrigen trennte, für immer öffnen ließ. Aber es war dennoch nicht leicht, hindurchzugelangen – denn es zu durchschreiten, bedeutete nicht zugleich, das »Fünfte« Viertel hinter sich zu lassen.

Alt-Neu-Synagoge gestern. Kol Nidre. Gedämpftes Börsengemurmel. Im Vorraum Büchse mit der Aufschrift: »Milde Gaben im stillen besänftigen den Unwillen.« Kirchenmäßiges Innere. Drei fromme, offenbar östliche Juden. In Socken. Über das Gebetbuch gebeugt, den Gebetmantel über den Kopf gezogen, möglichst klein geworden.

Josef K.'s Herkunft: aus diesem vollkommen genutzten Raum »unter dem Schloß«, wo die Juden lebten wie jenes Bienenvolk, dem regelmäßig die Königin genommen wurde; einem Städtchen, das die wärmende Gemeinsamkeit eines Dorfes hatte, jetzt zwar sichtbar geöffnet, aber desto mehr noch in sich selbst gezogen. Eine eigene Welt, in der das Gesetz seine Gültigkeit verloren zu haben schien, wo halbnackte Kinder sich tummelten und Weiber ihre persönlichsten Angelegenheiten vor den Augen der Nachbarn verrichteten. Hier wurde unter freiem Himmel zu Mittag und zu Abend gegessen; an Sommerabenden, wenn die Schwüle einen drinnen nicht mehr atmen ließ, wurden von Tor zu Tor, von Fenster zu Fenster die heikelsten Dinge hin- und hergerufen, tschechisch, deutsch, jiddisch, in jenem »Jargon«, den außerhalb dieser Gemeinschaft nur wenige verstanden. Gleich neben den Bordellen wohnten die Frommen, die die Feiertage hielten; wo aus den Kneipen die Stimmen Betrunkener grölten, drang gleich daneben aus den Synagogen das Gemurmel der Gebete.

Ich sah in der Erinnerung noch genau das Zimmer neben der Küche, in dem wir manchmal, selten genug, allein uns zusammenducken konnten, während nebenan in der Küche die übrige Familie ihre Streitigkeiten austrug, an denen es hier niemals fehlte. Ein kleines dunkles Zimmer mit unausrottbarem Kaffeegeruch, denn die Tür zu der noch dunkleren Küche war Tag und Nacht offen.

Enge Gassen, die man von der Niklasgasse aus betrat. Läden und Stände, wo man von alten Schuhen bis zu rostigem Eisen so gut wie alles verkaufte, verbargen häufig nur das Hauptgewerbe: die Prostitution.

Nächste Doppelseite, rechts: das Jüdische Rathaus, in dem Kafka für den Schauspieler Jizchak Loewy 1912 bei einem jiddischen Rezitationsabend im Festsaal einen kurzen Einleitungsvortrag hielt; links: Zigeunergasse. In der Synagoge dieser Gasse wurde Franz Kafka im Juli 1896 zum erstenmal aufgerufen, um aus der Thora vorzulesen.

Ich habe drei Schwestern, eine verheiratet, eine verlobt, die ledige ist mir, unbeschadet der Liebe zu den anderen, die bei weitem liebste.

Ottla, die 1912 Ledige, geb. 1892, war Kafka die liebste – ein »Lamm«, das eigentlich kein Lamm war, sondern eine Katze mit Krallen; Elli (Gabriele), die 1912 Verheiratete, geb. 1889, war Kafka am ähnlichsten und erinnerte ihn an ihn selbst: Gewaltsam, verdrossen, schuldbewußt, brach sie dennoch aus dem Kreis, den der Firmenanker des vereidigten Gerichtsgutachters Herrmann Kafka, des dominierenden Vaters, des Herrn und Patriarchen, markierte; Valli (Valerie), die 1912 Verlobte, geb. 1890, war die hübscheste, die dem L, dem »Lamm«, den Löwys entsprechendste – nicht nur schön wie ihre Mutter, sondern durch Unterordnung in ihrem Willen ebensowenig zu brechen.

Das Fenster zum »Dom« in der Wohnung im Haus »Zu den Heiligen drei Königen«, Zeltnergasse 3, wo Kafka sich bei Orgelmusik und Chorgesang auf seine Bar-mizwah vorbereitete. Von hier schaute er direkt in den Dom, die Teyn-Kirche. An der rechten Schmalseite des äußeren Schiffes in seiner Blickrichtung soll früher der Sarkophag mit den sterblichen Überresten des 12jährigen Judenjungen Simon Abeles, den sein Vater 1693 getötet haben soll, weil er zum katholischen Glauben übergetreten war, gestanden haben. Jetzt erinnert eine unauffällig angebrachte Gedenktafel daran. Der heimlich beigesetzte Leichnam, berichtet die Legende, sei bei der Exhumierung nach sechs Tagen »von natürlicher Farbe, gänzlich unerstarrt, angenehm anzusehen« gewesen. Der Vater des Jungen, soviel ist gewiß, erhängte sich an seinen Gebetsriemen in seiner Zelle im Rathaus der Altstadt. Dennoch wurde er auf barocke Weise hingerichtet: sein Leichnam wurde bis hinter das Stadttor gezerrt und ihm selbst dort »das Herz aus dem Leibe herausgenommen und dem Juden ins Maul geschlagen, für diese Unbarmherzigkeit mit eigenem Blut«.

›Mein Vater ist noch immer ein Riese‹, sagte sich Georg.
»Hier ist es ja unerträglich dunkel«, sagte er dann.
»Ja, dunkel ist es schon«, antwortete der Vater.
»Das Fenster hast du auch geschlossen?«
»Ich habe es lieber so.«

Die einen sagen, das Wort Odradek stamme aus dem Slawischen und sie suchen aufgrund dessen die Bildung des Wortes nachzuweisen. Andere wieder meinen, es stamme aus dem Deutschen, vom Slawischen sei es nur beeinflußt.

Treppenhäuser, Dachböden, Flure, Gänge. Auch Kinder, die in fremden Sprachen miteinander spielen, abweisend, ja aggressiv, wenn andere sie falsch aussprechen. Kinderspiele mit kläglichem Gerät, das sie selbst zusammenbasteln, aus Holz, Papier und Zwirn; z. B. eine »špulka«, die man aus einer Garnspule machen kann.

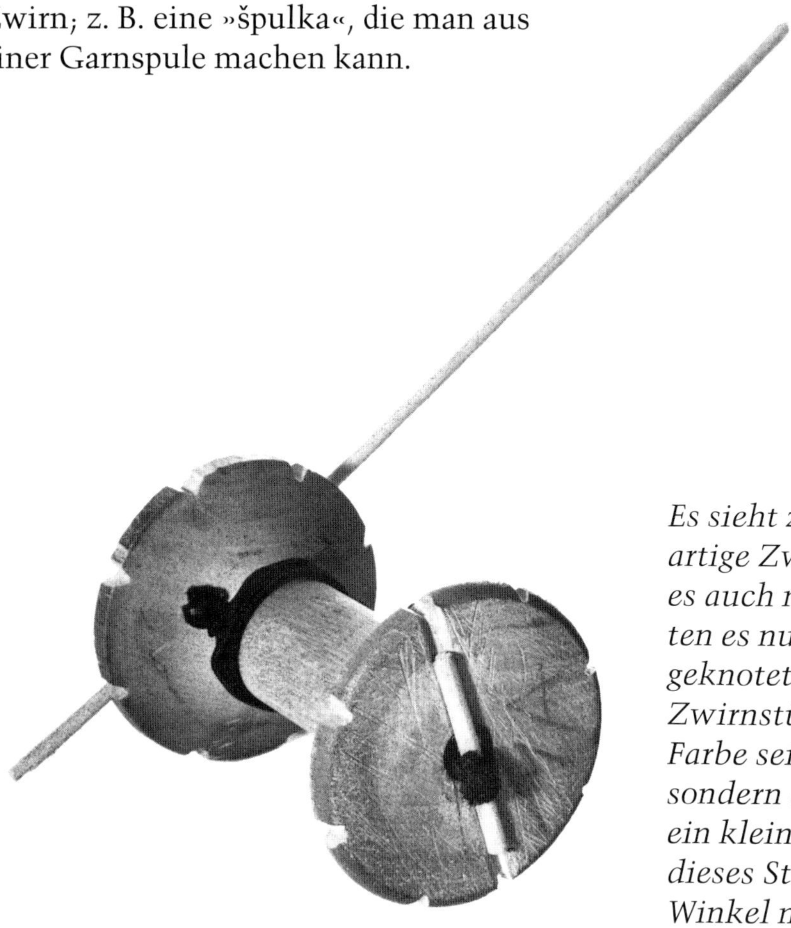

Es sieht zunächst aus wie eine flache sternartige Zwirnspule, und tatsächlich scheint es auch mit Zwirn bezogen; allerdings dürften es nur abgerissene, alte, aneinandergeknotete, aber auch ineinanderverfitzte Zwirnstücke von verschiedenster Art und Farbe sein. Es ist aber nicht nur eine Spule, sondern aus der Mitte des Sternes kommt ein kleines Querstäbchen hervor und an dieses Stäbchen fügt sich dann im rechten Winkel noch eines. Mit Hilfe dieses Stäbchens auf der einen Seite, und einer der Ausstrahlungen des Sternes auf der anderen Seite, kann das Ganze wie auf zwei Beinen aufrecht stehen.
»Wie heißt du denn?« fragt man ihn.
»Odradek«, sagt er. »Und wo wohnst du?«
»Unbestimmter Wohnsitz«, sagt er und lacht.

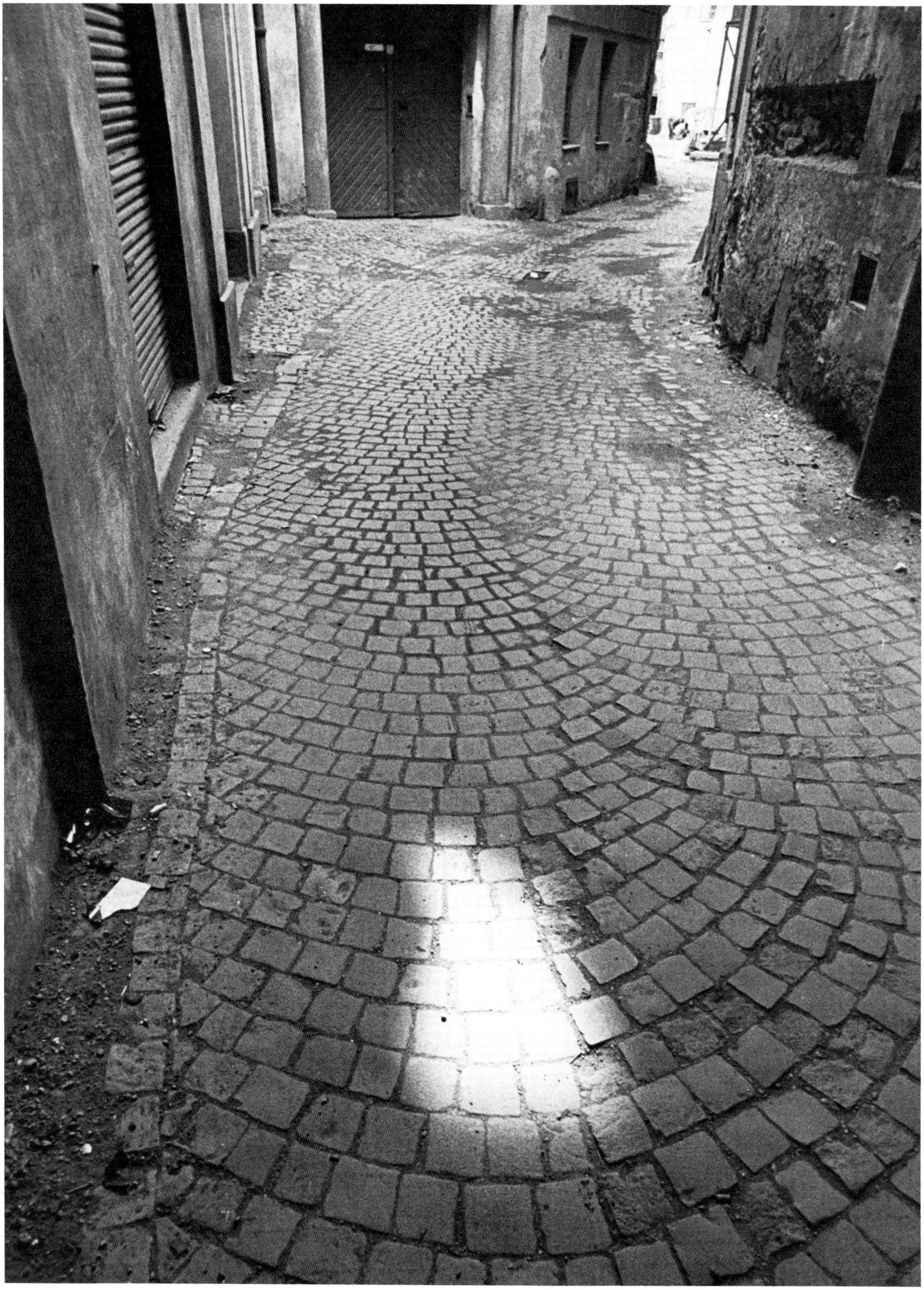

Die Enge der Altstadt führt zur Klaustrophobie, zur Angst, eingeschlossen zu sein oder zu werden – hier ging Kafka täglich zur Volksschule in die Fleischmarktgasse. Bis hinüber zur Jakobskirche, bis in die Schulstuben hinein drang der Geruch der Läden. Am Abend verwandelten sich diese Gassenzüge und Durchgänge in eine Börse der elendesten Prostituierten, die man »holátka«, »fuchtle«, »flundry« ... und auch »kavky« (Dohlen) nannte.

Die Reihe von Wohnungen war öfters von Bordellen unterbrochen... Das letzte Zimmer aller Wohnungen war aber wieder ein Bordell... Die der Tür ... gegenüberliegende Wand, also die letzte Wand der Häuserreihe, war entweder aus Glas oder überhaupt durchbrochen... Links war eine feste Wand, dagegen war die Wand rechts nicht vollkommen, man sah in den Hof hinunter, wenn auch nicht bis auf den Grund, und eine baufällige Treppe führte in mehreren Abteilungen hinunter.

Kavky (Dohlen) aus dem Ungelt, einem stillen alten Hof, um 1900. Zweihundert Jahre mögen sie hier an der Ecke Lange Gasse-Fischergasse gestanden haben. Im Gasthaus ›Zum Deyl‹, gleich hinter der Volksschule, die Kafka besuchte, sang man:

Deyl, der Schläger, die ganze Nacht
auf die Kavkas gibt gut acht.

Der Schädel sah aus, als sei er oben platt geschlagen worden, und die Gesichtszüge hatten sich im Schmerz des Geschlagenwerdens gebildet.

Mit Spitzhacken begann man 1895 die sogenannte »Assanierung« der Altstadt und zerstörte im Laufe von 22 Jahren Haus um Haus, um diesen Teil der Stadt den hygienischen Erfordernissen anzupassen.
Die Bewohner, die es ähnlich wie Herrmann Kafka, der Hausvater, relativ weit gebracht hatten, hatten ihre Häuser lange schon verlassen, um so die Demütigungen durch das Ghetto und die Erinnerung daran abschütteln zu können.

Anfangs war beim babylonischen Turmbau alles in leidlicher Ordnung; ja, die Ordnung war vielleicht zu groß… Die damals herrschende Meinung ging sogar dahin, man könne gar nicht langsam genug bauen… Man argumentierte nämlich so: Das Wesentliche des ganzen Unternehmens ist der Gedanke, einen bis in den Himmel reichenden Turm zu bauen. Neben diesem Gedanken ist alles andere nebensächlich. Der Gedanke, einmal in seiner Größe gefaßt, kann nicht mehr verschwinden; solange es Menschen gibt, wird auch der starke Wunsch da sein, den Turm zu Ende zu bauen… Warum also schon heute sich an die Grenze der Kräfte abmühen? Das hätte nur Sinn, wenn man hoffen könnte, den Turm in der Zeit einer Generation aufzubauen. Das aber war auf keine Weise zu erwarten. Eher ließ sich denken, daß die nächste Generation mit ihrem vervollkommneten Wissen die Arbeit der vorigen Generation schlecht finden und das Gebaute niederreißen werde, um von neuem anzufangen. Solche Gedanken lähmten die Kräfte…

Alles was in dieser Stadt an Sagen und Liedern entstanden ist, ist erfüllt von der Sehnsucht nach einem prophezeiten Tag, an welchem die Stadt von einer Riesenfaust in fünf kurz aufeinanderfolgenden Schlägen zerschmettert werden wird. Deshalb hat auch die Stadt die Faust im Wappen.

In der Pinkassynagoge war ich unvergleichlich stärker vom Judentum hergenommen.

Die Synagoge wurde zur Zeit der Assanierung, als das Ghetto um sie fiel, zum Symbol der alten Frömmigkeit. Die Generation der Väter aber versammelte sich bereits in Tempeln. Diese schienen den Jungen jedoch leer.

Ebensowenig Rettung vor Dir fand ich im Judentum. Hier wäre ja an sich Rettung denkbar gewesen, aber noch mehr, es wäre denkbar gewesen, daß wir uns beide im Judentum gefunden hätten oder daß wir gar von dort einig ausgegangen wären. Aber was war das für Judentum, das ich von Dir bekam!

Täglich holte Julie Kafka ihren Sohn vom hundert Meter weit entfernten »Staats-Gymnasium mit deutscher Unterrichtssprache in Prag« nach Hause in den »Bau« zurück. Indessen – »jüdische Gymnasiasten bei uns sind leicht merkwürdig« – diskutierten die Kameraden Hugo Bergmann, Emil Utitz, Paul Kisch, Oskar Pollak und Felix Weltsch, dazu, aus einer anderen Schule kommend, Max Brod, über die Zukunft der Welt. Sie alle haben nach dem Abitur die Stadt verlassen. Kafka, K., versank in ihr auf ewig, auf jenem Platz der Hinrichtungen und der Feste.

Ich habe den Ort gewechselt, aus der Oberwelt bin ich in meinen Bau gekommen und ich fühle die Wirkung dessen sofort. Es ist eine neue Welt, die neue Kräfte gibt, und was oben Müdigkeit ist, gilt hier nicht als solche.

Der Eingang kann täuschen, ablenken, den Angreifer quälen, das tut auch dieser zur Not. Aber einem wirklich großen Angriff muß ich gleich mit allen Mitteln des Gesamtbaus und mit allen Kräften des Körpers und der Seele zu begegnen suchen – das ist ja selbstverständlich. So mag auch dieser Eingang schon bleiben.

B. WINTERNITZ

K. nach dem Abitur, hinausschauend. Es ist ein »zerstreutes Hinausschaun«, denn alle Ausgänge dieser Stadt sind Durchgänge, von innen nach innen. Das Licht am scheinbaren Ende zeigt nur den Anfang des nächsten Ganges. Sehnsüchtig nach außen, aber vom Altstädter Ring umschlossen, gelangt er von Ungelt nach Ungelt. Begierig zu sehen, zu wissen, wird K. auf der Suche nach »Nahrung« von dem Fraß genährt, der von Tausenden Mäulern vorgekaut ist, dem Holzmehl des Ius – dem Vater zuliebe. Der Weg zu jenem Futterplatz ist nicht weiter als jener von der Schule am Fleischmarkt nach Hause. Auch hier Tunnels, auch hier jenes Gefühl des Zusammengepreßtseins, wie es jeden »schuldig Schuldlosen strafweise« ankommt.

Ich marschiere und mein Tempo ist das Tempo dieser Gassenseite, dieser Gasse, dieses Viertels. Ich bin mit Recht verantwortlich für alle Schläge gegen Türen, auch die Platten der Tische, für alle Trinksprüche, für die Liebespaare in ihren Betten, in den Gerüsten der Neubauten, in dunklen Gassen an die Häusermauern gepreßt, auf den Ottomanen der Bordelle.
Ich schätze meine Vergangenheit gegen meine Zukunft…

Das Barock in Prag und seinen Kirchen hat im Feierlichen wie im Profanen mit seiner Leuchtkraft und seiner Strenge K.'s Schreiben mitgeformt – die Erforschung der Wurzeln des Manierismus im Barock durch Max Dvořak machte gerade zu K.'s Zeit die Nähe jener Epoche zur Gegenwart deutlich. Oskar Pollak, der Freund, vermittelte K. diesen Bezug.

Es gab eine Zeit, in der ich Tag um Tag in eine Kirche ging …

»Er studierte, zu was er Lust hatte, und da er kein Advokat werden wollte, so wählte er die Laufbahn eines Beamten, was ihm ganz gut zu passen schien, da er einfache Frequenz hat und den Nachmittag für sich verwenden konnte.
Daß er sich in seinen Mußestunden mit Schreiben beschäftigt, weiß ich schon viele Jahre. Ich hielt dies aber nur für einen Zeitvertreib... Darum bitte ich Sie sehr, ihn auf eine Art darauf aufmerksam zu machen und ihn zu befragen wie er lebt, was er ißt, wieviel Mahlzeiten er nimmt, überhaupt seine Tageseintheilung.« (Julie Kafka)

So bliebe mir eigentlich doch nur übrig, rechtzeitig, ehe die Welt eingreift, mich soweit zu ändern, daß ich den Ärger der kleinen Frau nicht etwa beseitige, was undenkbar ist, aber doch ein wenig mildere.

In allen Wohnungen der Familie hat diese Uhr die Zeit gemessen.

Hier rechts sind sie eingetreten ins K.u.K. Bezirksgericht – oder sie werden es tun: Fürsprecher, Helfer, aber auch Richter und Henker in Zivil. Hier in der Zeltnergasse, wo Herrmann Kafkas Anker beurkundet, sein Wohlverhalten registriert ist. Auch gegen K. gibt es »keine Einwendungsgründe« – so der Eintrag. Doch meldet sich jenes »Dröhnen«, an dem das Gericht – prozessual und darüber hinaus – seinen Anspruch mißt.

Jemand mußte Josef K. verleumdet haben, denn ohne daß er etwas Böses getan hätte, wurde er eines Morgens verhaftet.

Manufaktur
WAAREN
Střižné
ZBOŽÍ
UERBACH
PEŘÍ
OVOCNÝ TRH

Ich habe einen Posten, es hat also ein neues Jahr angefangen und meine Leiden, vorausgesetzt, daß sie bis jetzt zu Fuß gegangen sind, gehn jetzt entsprechend auf den Händen.

Unfähig zu schreiben, ein Jahr lang, 1906 bis 1907, inmitten der Akten des Landesgerichts am Rande des Karlsplatzes.

Mein Weg ist gar nicht gut und ich muß – soviel Übersicht habe ich – wie ein Hund zugrunde gehn.

K. sehnte sich fort aus der Enge der Bürogebäude und bürgerlichen Wohnungen. Nicht länger als eine halbe Stunde, und sein Rundgang zu den Häusern der Freunde war beendet. Abweisende Gesichter auf dem Weg, doch es gab ja den Fürsprecher, K. mußte nur aus dem Gerichtsgebäude in der Zeltnergasse auf den Obstmarkt hinaustreten, und schon schaute er in die Schalengasse, wo Max Brod wohnte – er würde ein Leben lang für jeden Satz von K. eintreten.

Ich müßte an einem Ort sein, wo vielerlei Menschen zusammenkommen, aus verschiedenen Gegenden, verschiedenen Alters, ich müßte die Möglichkeit haben, die Tauglichen, die Freundlichen, die, welche einen Blick für mich haben, vorsichtig auszuwählen aus einer Menge. Am besten wäre dazu vielleicht ein großer Jahrmarkt geeignet.

ASTORIA
ASTORIA

Weltfreunde. Auch sie hat es gegeben, damals in Prag. »Stille Gegenstände«, sagte Franz Werfel von ihnen, »werfen sich mir in die Arme, stille Gegenstände, die ich in einer erfüllten Stunde wie brave Tiere streichelte.« K., sogar diesen Dingen gegenüber unsicher und machtlos, saß unter ihnen im Café Arco an der Ecke der Hyberner- und der Pflastergasse und bewunderte sie.

Heute im Kaffeehaus mit Werfel. Wie er von der Ferne beim Kaffeehaustisch aussieht. Geduckt, selbst im Holzsessel halb liegend, das im Profil schöne Gesicht an sich gedrückt, vor Fülle (nicht eigentlicher Dicke) fast schnaufend, ganz und gar unabhängig von der Umgebung, unartig und fehlerlos. Die hängende Brille erleichtert durch ihre Gegensätzlichkeit das Verfolgen der zarten Umrißlinien des Gesichtes.

Jetzt habe ich meinen Schreibtisch genauer angeschaut und eingesehn, daß auf ihm nichts Gutes gemacht werden kann. Es liegt hier so vieles herum und bildet eine Unordnung ohne Gleichmäßigkeit und ohne jede Verträglichkeit der ungeordneten Dinge, die sonst jede Unordnung erträglich macht. Sei auf dem grünen Tuch eine Unordnung, wie sie will, das durfte auch im Parterre der alten Theater sein... Einzelne verhältnismäßig riesige Dinge des Parterres treten auf, als wäre es im Theater erlaubt, daß im Zuschauerraum der Kaufmann seine Geschäftsbücher ordnet, der Zimmermann hämmert, der Offizier den Säbel schwenkt, der Geistliche dem Herzen zuredet, der Gelehrte dem Verstand, der Politiker dem Bürgersinn, daß die Liebenden sich nicht zurückhalten usw. ... Das nächst höhere, durch die kleinen geschlossenen Seitenschubladen schon eingeengte, offene Fach des Aufsatzes ist nichts als eine Rumpelkammer, so, als würde der niedrige Balkon des Zuschauerraumes, im Grunde die sichtbarste Stelle des Theaters, für die gemeinsten Leute reserviert, für alte Lebemänner, bei denen der Schmutz allmählich von innen nach außen kommt... In diesem Fach liegen alte Papiere, die ich längst weggeworfen hätte, wenn ich einen Papierkorb hätte...

Assicurazioni Generali. Oktober 1907 bis Juli 1908. »Ein Käfig ging einen Vogel suchen.« K. hatte auf andere Städte, auf entfernte Länder, auf Fenster mit anderer Aussicht gehofft, aber sein Käfig fand ihn immer in dieser »verdammten Stadt«.

...über das Bureau rege ich mich durchaus nicht zuviel auf, erkenne die Berechtigung der Aufregung daraus, daß sie schon fünf Jahre Bureauleben überdauert, von denen allerdings das erste Jahr ein ganz besonders schreckliches in einer Privatversicherungsanstalt war, mit Bureaustunden von 8 früh bis 7 abends, bis 8, bis ½ 9, pfui Teufel! Es gab da eine gewisse Stelle in einem kleinen Gang, der zu meinem Bureau führte, in dem mich fast jeden Morgen eine Verzweiflung anfiel, die für einen stärkeren, konsequenteren Charakter als ich es bin überreichlich zu einem geradezu seligen Selbstmord genügt hätte.

Am 30. Juli 1908 trat K. in dieses Gebäude der Arbeiter-Unfall-Versicherungsanstalt ein – er verließ es erst wieder, um zu sterben. Ein Käfig hatte endgültig seine Dohle gefunden.

Mit einem Gefängnis hätte er sich abgefunden. Als Gefangener enden – das wäre eines Lebens Ziel. Aber es war ein Gitterkäfig. Gleichgültig, herrisch, wie bei sich zu Hause strömte durch das Gitter aus und ein der Lärm der Welt, der Gefangene war eigentlich frei, er konnte an allem teilnehmen, nichts entging ihm draußen, selbst verlassen hätte er den Käfig können, die Gitterstangen standen ja meterweit auseinander, nicht einmal gefangen war er.

HOTEL ATLANTIC
ATLANTIC HOTEL

Durch die Hybernergasse führte K.'s täglicher Weg am Café Arco vorbei. Max Brod wartete »um 2 Uhr mittags beim Pulverturm auf Franz... Franz kam immer später als ich, er hatte noch amtlich zu tun oder verlor sich in ein Gespräch mit Kollegen ...«

Kein Fleisch, nichts, was nach Blut riecht. Und wenn *Nahrung*, dann nur solche, die nicht Vertilgung anderer bedeutet, weil K.'s Körper selbst schwach ist, »mehr Lamm als Kätzchen«. Er, dessen Vater von Dorffleischern, von jüdischen Schächtern abstammt, die die Macht hatten, Tiere zu töten, wird »immerfort die Vorstellung eines breiten Selchermessers« haben, das »eiligst« in ihn hineinfährt.

Mein väterlicher Großvater war Fleischhauer in einem Dorf bei Strakonitz, ich muß soviel Fleisch nicht essen als er geschlachtet hat.

Vielleicht wäre für dieses Tier das Messer des Fleischers eine Erlösung, die muß ich ihm aber als einem Erbstück versagen. Es muß deshalb warten, bis ihm der Atem von selbst ausgeht, wenn es mich manchmal auch wie aus verständigen Menschenaugen ansieht, die zu verständigem Tun auffordern.

ANTON KUMMERMANN
FLEISCHER
KAVARNA
OBUV
ANTON KUMMERMANN

Wer verlassen lebt und sich doch hie und da irgendwo anschließen möchte, wer mit Rücksicht auf die Veränderungen der Tageszeit, der Witterung, der Berufsverhältnisse und dergleichen ohne weiteres irgendeinen beliebigen Arm sehen will, an den er sich halten könnte, – der wird es ohne ein Gassenfenster nicht lange treiben.

K. hatte Felice Bauer am 13. August 1912 in Prag bei Max Brod kennengelernt. Diese Begegnung wurde zu einer Liebe auf seltene Nähe, relative Ferne, auf lange und tragische Distanz. Zweimal verlobten sie sich und mußten zweimal das Vergebliche daran einsehen. Er schrieb ihr ungezählte Worte – Briefe, Erzählungen, »für F.«, F.B. wie Frieda Brandenfeld (die Verlobte im ›Urteil‹), wie Fräulein Bürstner (im ›Prozeß‹). »Das Süße des Verhältnisses zu einer geliebten Frau« hatte K. »F. gegenüber außer in Briefen nie«.

Ganz im Anfang dieser Beziehung konnte er in einer einzigen Nacht – vom 22. auf den 23. September 1912 – die Erzählung ›Das Urteil‹ niederschreiben – der »Durchbruch« zum literarischen Sich-Erfinden war geschafft. Aber bereits hier droht der Vater: »Häng dich nur in deine Braut ein und komm mir entgegen! Ich fege sie dir von der Seite weg, du weißt nicht, wie!« Am endgültigen Ende der Beziehung erleidet K. – in der Nacht vom 9. auf den 10. August 1917 – einen »Blutsturz aus der Lunge«.

... ich kann nicht glauben, daß in irgendeinem Märchen um irgendeine Frau mehr und verzweifelter gekämpft worden ist als um Dich in mir, seit dem Anfang und immer von neuem und vielleicht für immer.

»... ich konnte einfach vor Traurigkeit nicht aufstehen«, klagte K. Felice Bauer im November 1912, weil er vergeblich auf einen Brief von ihr gewartet hatte. In diesem »Jammer« im Bett fällt ihm »eine kleine Geschichte« ein – ›Die Verwandlung‹. Sie spiegelt das persönliche Empfinden seiner Familie gegenüber ebenso wie die im Realen noch nicht faßbare Verwandlung der Zeit und der Stadt. K. sieht sie im Detail des Alltags.

In einem Brief
... nun bin ich außerdem vor dem Haustor mit der Trage eines Fleischergesellen zusammengerannt, deren Holz ich noch jetzt über dem linken Auge spüre.

In der Erzählung
... und dann hoch über sie hinweg ein Fleischergeselle mit der Trage auf dem Kopf in stolzer Haltung ...

KAVA
Plzenské pivo

MERCUR
CACAO

FISCHL & BONDY
WEISS
HYNEK GOTTWALD.
FERDINAND ENGELMÜLLER

Am Graben. Prag war nicht nur die »verdammte«, schwermütige oder von ihrer eigenen Geschichte zugeschüttete Stadt, sondern auch die mit dem allgegenwärtigen Gefühl der Ausgewähltheit strahlende, mit einer gewissen Neigung, sich für den Nabel der Welt zu halten. Es war die Stadt einer merkwürdigen Mischung aus Provinzialität und Qualität, mit einer eigenartigen Leidenschaft für Literatur und für Literaten, die immer entschlossen sind, ein Meisterwerk zu schreiben, und ein Leben lang am Kaffeehaustisch davon erzählen. Aber es war auch die Stadt tatsächlicher Meisterwerke.
Die gesellschaftliche Achse Prags blieb bis in die dreißiger Jahre der Korso. Unter den Fenstern von Milena Jesenskas Geburtshaus mündete er in das sogenannte Goldene Kreuz: Ferdinandstraße – Obstgasse – Graben und im rechten Winkel dazu der Wenzelsplatz, teilte sich aber zugleich in einen tschechischen und einen deutschen Teil. Am Graben, das war die Parade- und Luxusstraße. Sie war deutsch, jüdisch-deutsch – mit ein Grund, warum es hier zu Zeiten dramatisch wurde. Mob zielte jedesmal, wenn im national zerstrittenen Prag eine Unruhewelle aufkam, auf diese Zeile. Dann hatten Glaser die zerschlagenen Fenster zu ersetzen. Danach traten allsonntäglich in den späten Vormittagsstunden wieder elegante Damen und Herren auf – im Café Continental (um eine Nuance weniger literarisch als das Café Arco), in den Banken, den Modesalons, bei den Juwelieren – und grüßten sich im kompliziert gestuften Ritual der Verbeugungen. Und die Welt im alten Prag schien wieder in Ordnung zu sein … so spielten wir
›Weg-Versperren‹, es wurde eine Wegstrecke bestimmt, die einer verteidigen und der andere überschreiten sollte. Dem Angreifer wurden die Augen verbunden, der Verteidiger aber hatte kein anderes Mittel, die Überschreitung zu verhindern, als daß er gerade im Augenblick der Überschreitung den Angreifer am Arm berührte; tat er es früher oder später, hatte er verloren. Wer das Spiel nie gespielt hat, wird glauben, daß der Angriff sehr schwer, die Verteidigung sehr leicht gemacht sei und dabei ist es gerade umgekehrt oder es sind zumindest die Angriffstalente häufiger.

Blick vom Museum auf den Wenzelsplatz bis zum Letna. Im Hintergrund das Goldene Kreuz; rechts die Assicurazioni Generali.

Nach der Assanierung des alten Prag wurde es, dem Vorbild Paris folgend, zur Bürgerstadt verwandelt. Ein Aufstieg auch für Herrmann Kafka und für K. Ihre Adresse damals: Niklasstraße 36, heute Pariser Straße – am Kopf der Brücke. Das Haus ist zerstört, der Blick ist erhalten.

Schon früh und mehrere Male seitdem freute ich mich an dem von meinem Fenster aus sichtbaren dreieckigen Ausschnitt des steinernen Geländers jener Treppe, die rechts von der Cechbrücke zum Quaiplateau hinunterführt. Sehr geneigt, als gebe sie nur eine rasche Andeutung. Und jetzt sehe ich drüben über dem Fluß eine Leitertreppe auf der Böschung, die zum Wasser führt. Sie war seit jeher dort, ist aber nur im Herbst und Winter durch Wegnahme der sonst vor ihr liegenden Schwimmschule enthüllt und liegt dort im dunklen Gras unter den braunen Bäumen im Spiel der Perspektive.

Ohne Vorfahren, ohne Ehe, ohne Nachkommen, mit wilder Vorfahrens-, Ehe- und Nachkommenslust. Alle reichen mir die Hand: Vorfahren, Ehe und Nachkommen, aber zu fern für mich.
Für alle gibt es künstlichen, jämmerlichen Ersatz: für Vorfahren, Ehe und Nachkommen. In Krämpfen schafft man ihn und geht, wenn man nicht schon an den Krämpfen zugrunde gegangen ist, an der Trostlosigkeit des Ersatzes zugrunde.

K. und Felice Bauer lösten ihr erstes Verlöbnis in der Berliner Pension Ascanischer Hof am 12. Juli 1914 in Anwesenheit von Grete Bloch, Ernst Weiß und Felices Schwester Erna.

Der Gerichtshof im Hotel. Die Fahrt in der Droschke. Das Gesicht F.s. Sie fährt mit den Händen in die Haare, gähnt. Rafft sich plötzlich auf und sagt gut Durchdachtes, lange Bewahrtes, Feindseliges. Der Rückweg mit Fräulein Bl. Das Zimmer im Hotel, die von der gegenüberliegenden Mauer reflektierte Hitze. Auch von den sich wölbenden Seitenmauern, die das tiefliegende Zimmerfenster einschließen, kommt Hitze. Überdies Nachmittagssonne.

ASCANISCHER HOF

Jetzt, am Sonntagmorgen, waren die meisten Fenster besetzt, Männer in Hemdärmeln lehnten dort und rauchten, oder hielten kleine Kinder vorsichtig und zärtlich an den Fensterrand. Andere Fenster waren hoch mit Bettzeug angefüllt, über dem flüchtig der zerraufte Kopf einer Frau erschien. Man rief einander über die Gasse zu, ein solcher Zuruf bewirkte gerade über K. ein großes Gelächter. Regelmäßig verteilt befanden sich in der langen Straße kleine, unter dem Straßenniveau liegende, durch ein paar Treppen erreichbare Läden mit verschiedenen Lebensmitteln. Dort gingen Frauen aus und ein oder standen auf den Stufen und plauderten. Ein Obsthändler, der seine Waren zu den Fenstern hinauf empfahl, hätte, ebenso unaufmerksam wie K., mit seinem Karren diesen fast niedergeworfen. Eben begann ein in besseren Stadtvierteln ausgedientes Grammophon mörderisch zu spielen.

»Nein«, sagte der Geistliche, »man muß nicht alles für wahr halten, man muß es nur für notwendig halten.« »Trübselige Meinung«, sagte K. »Die Lüge wird zur Weltordnung gemacht.« …

Sie gingen eine Zeitlang schweigend weiter, K. hielt sich eng neben dem Geistlichen, ohne zu wissen, wo er sich befand. Die Lampe in seiner Hand war längst erloschen. Einmal blinkte gerade vor ihm das silberne Standbild eines Heiligen nur mit dem Schein des Silbers und spielte gleich wieder ins Dunkel über.

Die Mauer auf dem Laurenziberg – K.'s Chinesische Mauer – blieb zu allen Zeiten löcherig. Sie heißt bis heute Hungermauer. Im 14. Jahrhundert wurde sie errichtet, um die Hungernden zu sättigen, indem man ihnen den Auftrag zum Bau gab. Sie hätte möglicherweise Schutz bieten können gegen die Völker aus allen Richtungen der Windrose.

Ich saß einmal vor vielen Jahren, gewiß traurig genug, auf der Lehne des Laurenziberges. Ich prüfte die Wünsche, die ich für das Leben hatte. Als wichtigster oder als reizvollster ergab sich der Wunsch, eine Ansicht des Lebens zu gewinnen (und – das war allerdings notwendig verbunden – schriftlich die anderen von ihr überzeugen zu können), in der das Leben zwar sein natürliches schweres Fallen und Steigen bewahre, aber gleichzeitig mit nicht minderer Deutlichkeit als ein Nichts, als ein Traum, als ein Schweben erkannt werde. Vielleicht ein schöner Wunsch, wenn ich ihn richtig gewünscht hätte.

Der Kaiser ist tot. Die schwarzen Fahnen an der Ferdinandstraße A.D. 1916 zeigen es an. Aber die Trauer bleibt amtlich – bald schon ändert man ihren Namen in Nationalstraße und behängt sie mit der Trikolore.

So verfährt also das Volk mit den vergangenen, die gegenwärtigen Herrscher aber mischt es unter die Toten. Kommt einmal, einmal in einem Menschenalter, ein kaiserlicher Beamter, der die Provinz bereist, zufällig in unser Dorf, stellt im Namen der Regierenden irgendwelche Forderungen, prüft die Steuerlisten, wohnt dem Schulunterricht bei, befragt den Priester über unser Tun und Treiben, und faßt dann alles, ehe er in seine Sänfte steigt, in langen Ermahnungen an die herbeigetriebene Gemeinde zusammen, dann geht ein Lächeln über alle Gesichter, einer blickt verstohlen zum andern und beugt sich zu den Kindern hinab, um sich vom Beamten nicht beobachten zu lassen. Wie, denkt man, er spricht von einem Toten wie von einem Lebendigen, dieser Kaiser ist doch schon längst gestorben, die Dynastie ausgelöscht, der Herr Beamte macht sich über uns lustig, aber wir tun so, als ob wir es nicht merkten, um ihn nicht zu kränken… So bereit ist man bei uns, die Gegenwart auszulöschen.

K. mußte sich entscheiden zwischen »Arbeitswohnung« und »Schloßwohnung«, zwischen Alchimistengasse und Schönbornpalais – dazwischen lag die Totengasse. Er wählte das Schloß im Viertel des Adels, der französisch parlierte und deutsch befahl. Zum erstenmal im Schloß – zum erstenmal ein Blutsturz.

Ich stand auf, angeregt wie man durch alles Neue ist … natürlich auch etwas erschreckt … ging im Zimmer herum, setzte mich aufs Bett – immerfort Blut.

Fort von hier, nur fort von hier! Du mußt mir nicht sagen, wohin du mich führst. Wo ist deine Hand, ach ich kann sie im Dunkel nicht ertasten. Hielte ich doch nur schon deine Hand, ich glaube, du würdest mich dann nicht verwerfen. Hörst du mich?

Erst jetzt läßt die »verdammte Stadt« K. los. Er ist auf freiem Fuß, der Prozeß jedoch hat schon begonnen. K. aber glaubt, Gott habe ihm die Krankheit geschickt, weil er ohne sie von Prag nie losgekommen wäre.

Zu Ottla, die sich »in die Landwirtschaft gerettet« hat, die sich zu retten wagte.
In Zürau, etwa 80 Kilometer nordwestlich von Prag, in diesem »Waisenhof« (was der tschechische Name bedeutet), kaufte sie sich – ihrer Familie zum Trotz – ein Stück Land und nahm den kranken Bruder hierher mit. K. kam ins Dorf, lebte ein Jahr mit diesen »Erdenbürgern« und fühlte sich, zu Anfang, wohl in ihrer teilnehmenden Nähe.

»Auswandern kann ich nicht«, sagte K., »ich bin hierhergekommen, um hier zu bleiben.« Und in einem Widerspruch, den er gar nicht zu erklären sich Mühe gab, fügte er wie im Selbstgespräch zu: »Was hätte mich denn in dieses öde Land locken können, als das Verlangen hierzubleiben?«

Füttern der Ziegen, von Mäusen durchlochtes Feld, Kartoffelklauben (»wie der Wind uns in den Arsch bläst«), Hagebuttenpflükken, Bauer F. (sieben Mädchen, eine klein, süßer Blick, weißes Kaninchen über der Achsel), im Zimmer Bild »Kaiser Franz Josef in der Kapuzinergruft«, Bauer K. (mächtig, überlegene Erzählung der Weltgeschichte seiner Wirtschaft, aber freundlich und gut). Allgemeiner Eindruck der Bauern: Edelmänner, die sich in die Landwirtschaft gerettet haben, wo sie ihre Arbeit so weise und demütig eingerichtet haben, daß sie sich lückenlos ins Ganze fügt und sie vor jeder Schwankung und Seekrankheit bewahrt werden, bis zu ihrem seligen Sterben. Wirkliche Erdenbürger.

Das entscheidend Charakteristische dieser Welt ist ihre Vergänglichkeit. In diesem Sinn haben Jahrhunderte nichts vor dem augenblicklichen Augenblick voraus. Die Kontinuität der Vergänglichkeit kann also keinen Trost geben; daß neues Leben aus den Ruinen blüht, beweist weniger die Ausdauer des Lebens als des Todes.

Die Kirche von Zürau – heute.

Diese verblüffende Ähnlichkeit der böhmischen Schlösser. Sie strahlen ihre Unnahbarkeit nicht nur aus, sondern dominieren noch durch sie. Dieses von Friedland ist für K. besonders wichtig. Er kannte es von seinen Dienstreisen; Ottla hatte hier Landwirtschaft studiert, um später das Land in Zürau nicht nur vermessen, sondern auch bebauen zu können. Damals gehörte das Schloß in Friedland dem Grafen von Clam (Klamm?) – »klam« ist das tschechische Wort für Täuschung.

Das Schloß in Friedland. Die vielen Möglichkeiten, es zu sehen: aus der Ebene, von einer Brücke aus, aus dem Park... aus dem Wald zwischen großen Tannen durch. Das überraschend übereinander gebaute Schloß, das sich, wenn man in den Hof tritt, lange nicht ordnet, da der dunkle Efeu, die grauschwarze Mauer ... vergrößert. Das Schloß ist eben nicht auf einem breiten Gipfel aufgebaut, sondern der ziemlich spitze Gipfel ist umbaut.

Hören Sie, Herr Landvermesser!
Herr Klamm ist ein Herr aus dem Schloß, das bedeutet schon an und für sich, ganz abgesehen von Klamms sonstiger Stellung, einen sehr hohen Rang. Was sind nun aber Sie... Sie sind nicht aus dem Schloß, Sie sind nicht aus dem Dorfe, Sie sind nichts. Leider aber sind Sie doch etwas, ein Fremder, einer, der überzählig und überall im Weg ist ...

In der Pension Stüdl in Schelesen, nördlich von Prag, November 1919, versuchte K., in einem Brief an den Vater alle Gründe seiner Angst vor ihm zusammenzustellen – schickte ihn aber nicht ab. Er erinnerte sich an dessen »ständige Redensart hinsichtlich eines lungenkranken Kommis: ›Er soll krepieren, der kranke Hund.‹«

Manchmal stelle ich mir die Erdkarte ausgespannt und Dich quer über sie hin ausgestreckt vor. Und es ist mir dann, als kämen für mein Leben nur die Gegenden in Betracht, die Du entweder nicht bedeckst oder die nicht in Deiner Reichweite liegen. Und das sind entsprechend der Vorstellung, die ich von Deiner Größe habe, nicht viele und nicht sehr trostreiche Gegenden.

Milena, die Geliebte. M wie Mutter, die ihre Liebe nicht bedingt, sondern schenkt. Aus der »dreifachen Seele der Stadt« (Franz Werfel) stellte sie deren slawischen Teil, den weiblichen – auf tschechisch ist diese Stadt ja weiblich. So wurde K. wie viele Deutsche und Juden von Prag angezogen und suchte wie sie hier seine Einwurzelung. Er, der zunächst nur die negative Verwandlung des Menschen zum Ungeziefer sah, wurde plötzlich gewahr, welch andere Gegensätzlichkeit es geben kann: die der Schönen und des Tieres, la belle et la bête. Dann aber sah er doch wieder das Messer der Selbstzerfleischung.

... ich, Waldtier, war ja damals kaum im Wald, lag irgendwo in einer schmutzigen Grube (schmutzig nur infolge meiner Gegenwart, natürlich), da sah ich Dich draußen im Freien, das wunderbarste, was ich je gesehen hatte, ich vergaß alles, ich vergaß mich ganz und gar, stand auf, kam näher, ängstlich zwar in dieser neuen und doch heimatlichen Freiheit, kam aber doch näher, kam bis zu Dir, Du warst so gut, ich duckte mich bei Dir nieder, als ob ich es dürfte, ich legte das Gesicht in Deine Hand, ich war so glücklich, so stolz, so frei, so mächtig, so zuhause, immer wieder dieses: so zuhause – aber im Grunde war ich doch nur das Tier, gehörte doch nur in den Wald, lebte hier im Freien doch nur durch Deine Gnade, las, ohne es zu wissen (denn ich hatte ja alles vergessen) mein Schicksal von Deinen Augen ab.
Das konnte nicht dauern.

Liebe ist, daß Du mir das Messer bist,
mit dem ich in mir wühle.

»Immerfort wollte ich, daß ihr meinen Hunger bewundert«, sagte der Hungerkünstler. »Wir bewundern es auch«, sagte der Aufseher entgegenkommend. »Ihr solltet es aber nicht bewundern«, sagte der Hungerkünstler. »Nun, dann bewundern wir es also nicht«, sagte der Aufseher, »warum sollen wir es denn nicht bewundern?« »Weil ich hungern muß, ich kann nicht anders«, sagte der Hungerkünstler. »Da sieh mal einer«, sagte der Aufseher, »warum kannst du denn nicht anders?«

»Weil ich«, sagte der Hungerkünstler, hob das Köpfchen ein wenig und sprach mit wie zum Kuß gespitzten Lippen gerade in das Ohr des Aufsehers hinein, damit nichts verloren ginge, »weil ich nicht die Speise finden konnte, die mir schmeckt. Hätte ich sie gefunden, glaube mir, ich hätte kein Aufsehen gemacht und mich vollgegessen, wie du und alle.«

Das letzte Foto von Franz Kafka

Du, Rabe, sagte ich,
du alter Unglücksrabe,
was tust du immerfort
auf meinem Weg.

Falls ich in nächster Zeit
sterben oder gänzlich
lebensunfähig werden sollte,
so darf ich sagen, daß
ich mich selbst zerrissen
habe.

20

Die Ursache dessen,
daß das Urteil der Nachwelt
über den Einzelnen
richtiger ist als das der
Zeitgenossen, liegt im Toten.
Man entfaltet sich in seiner
Art erst nach dem Tode,
erst wenn man allein ist.
Das Totsein ist für den
Einzelnen wie der Samstag-
abend für den Kaminfeger,
sie waschen den Ruß
vom Leibe.

Dr FRANZ KAFKA
JULIE KAFKA

1883
3. Juli: Franz Kafka als ältestes Kind des Kaufmanns Herrmann Kafka und seiner Frau Julie, geb. Löwy, in Prag geboren

1893–1901
Besuch des Altstädter Deutschen Gymnasiums

1901–1906
Jura-Studium an der Prager Universität (Promotion zum Dr. jur. bei Alfred Weber 1906); Beginn der Freundschaft mit Max Brod

1906–1907
Rechtspraxis beim Landesgericht und beim Strafgericht

1907–1908
Dienst in der Versicherungsanstalt ›Assicurazioni Generali‹

1908
Eintritt in die ›Arbeiter-Unfall-Versicherungs-Anstalt für das Königreich Böhmen in Prag‹

1910
Kafka beginnt Tagebuch zu führen

1910–1912
Gemeinsame Urlaubsreisen ins Ausland mit Max Brod; Beziehungen zu der in Prag gastierenden jüdischen Schauspieltruppe aus Polen

1912
Kafka lernt die Berlinerin Felice Bauer kennen; sein erstes Buch *Betrachtung* erscheint; ›Das Urteil‹ und ›Die Verwandlung‹ entstehen; Arbeit am ›Verschollenen‹

1913
Reger Briefwechsel mit Felice

1914
Erste Verlobung mit Felice; Arbeit am ›Prozeß‹ und an der ›Strafkolonie‹

1915
Der Träger des Fontane-Preises, Carl Sternheim, gibt die damit verbundene Preissumme »als ein Zeichen seiner Anerkennung« an Kafka weiter

1916
Erneut engere Beziehung zu Felice: »unser Vertrag ist in Kürze: kurz nach Kriegsende zu heiraten«

1916–1917
Viele kurze Texte (vor allem die meisten *Landarzt*-Erzählungen) entstehen im Arbeitsdomizil in der Alchimistengasse

1917
Bezug der eigenen Wohnung
im Schönbornpalais; Beginn der Hebräischstudien; Ausbruch der Krankheit (Lungentuberkulose) und Lösung des zweiten Verlöbnisses

1917–1918
Krankheitsurlaub im böhmischen Dorf Zürau; Entstehung vieler Aphorismen

1919
Beziehung zu Julie Wohryzek; ›Brief an den Vater‹

1920
Krankheitsurlaub in Meran; Beginn des Briefwechsels mit Milena Jesenská

1921
Krankheitsurlaub in Matliary (Hohe Tatra); Freundschaft mit Robert Klopstock

1922
›Das Schloß‹ und ›Ein Hungerkünstler‹ entstehen; Pensionierung vom Dienst; Arbeit an ›Forschungen eines Hundes‹

1923
Beziehung zu Dora Diamant; Übersiedlung nach Berlin; ›Der Bau‹ entsteht

1924
Kehlkopftuberkulose;
›Josefine, die Sängerin‹ entsteht
3. Juni: Tod Kafkas in Kierling bei Klosterneuburg
11. Juni: Beisetzung auf dem jüdischen Friedhof in Prag-Straschnitz

Nachweis der Zitate aus den ›Gesammelten Werken Franz Kafkas‹, herausgegeben von Max Brod

9 *»Raban schaute auf die Uhr...«:* ›Hochzeitsvorbereitungen auf dem Lande und andere Prosa aus dem Nachlaß‹, Frankfurt am Main: S. Fischer 1953, S. 436 (Anmerkungen); 1980, S. 319

11 *»Er hat zwei Gegner...«:* ›»Er.« Aufzeichnungen aus dem Jahre 1920‹, in ›Beschreibung eines Kampfes‹, Frankfurt am Main: S. Fischer 1954, S. 300; 1980, S. 222

14 *»Ich sehe in der Ferne eine Stadt...«:* ›Fragmente aus Heften und losen Blättern‹, in ›Hochzeitsvorbereitungen auf dem Lande und andere Prosa aus dem Nachlaß‹, Frankfurt am Main: S. Fischer 1953, S. 333; 1980, S. 241

16 *»...nun ist es merkwürdig...«:* ›Die Abweisung [II]‹, in ›Beschreibung eines Kampfes‹, Frankfurt am Main: S. Fischer 1954, S. 84f.; 1980, S. 63f.

18 *»Ich heiße hebräisch Amschel...«:* ›Tagebücher 1910–1923‹, Frankfurt am Main: S. Fischer 1951, S. 212

20 *»Ich wäre glücklich gewesen...«:* ›Brief an den Vater‹, in ›Hochzeitsvorbereitungen auf dem Lande und andere Prosa aus dem Nachlaß‹, Frankfurt am Main: S. Fischer 1953, S. 164, 164f., 169, 180f.; 1980, S. 120, 121, 124, 132

24 *»Es ist ein Erbstück...«:* ›Eine Kreuzung‹, in ›Beschreibung eines Kampfes‹, Frankfurt am Main: S. Fischer 1954, S. 108; 1980, S. 82

24 *»Mit einer schönen Wunde kam ich auf die Welt...«:* ›Ein Landarzt‹, in ›Erzählungen‹, Frankfurt am Main: S. Fischer 1952, S. 152; 1980, S. 116

26 *»Alt-Neu-Synagoge...«:* ›Tagebücher 1910–1923‹, Frankfurt am Main: S. Fischer 1951, S. 71

28 *»Ich sah in der Erinnerung noch genau das Zimmer...«:* ›Fragmente aus Heften und losen Blättern‹, in ›Hochzeitsvorbereitungen auf dem Lande und andere Prosa aus dem Nachlaß‹, Frankfurt am Main: S. Fischer 1953, S. 394; 1980, S. 285f.

30 »*Ich habe drei Schwestern…*«: ›Briefe an Felice und andere Korrespondenz aus der Verlobungszeit‹, herausgegeben von Erich Heller und Jürgen Born, Frankfurt am Main: S. Fischer 1967, S. 67

34 »*Mein Vater ist noch immer ein Riese…*«: ›Das Urteil‹, in ›Erzählungen‹, Frankfurt am Main: S. Fischer 1952, S. 59; 1980, S. 47

36 »*Die einen sagen, das Wort Odradek…*«: ›Die Sorge des Hausvaters‹, in ›Erzählungen‹, Frankfurt am Main: S. Fischer 1952, S. 170; 1980, S. 129

36 »*Es sieht zunächst aus wie eine flache sternartige Zwirnspule…*«: ›Die Sorge des Hausvaters‹, in ›Erzählungen‹, Frankfurt am Main: S. Fischer 1952, S. 170f.; 1980, S. 129f.

39 »*Die Reihe von Wohnungen war öfters von Bordellen unterbrochen…*«: ›Tagebücher 1910–1923‹, Frankfurt am Main: S. Fischer 1951, S. 91

41 »*Der Schädel sah aus, als sei er platt geschlagen worden…*«: ›Das Schloß‹, Frankfurt am Main: S. Fischer 1951, S. 35

42 »*Anfangs war beim babylonischen Turmbau alles in leidlicher Ordnung…*«: ›Das Stadtwappen‹, in ›Beschreibung eines Kampfes‹, Frankfurt am Main: S. Fischer 1954, S. 94; 1980, S. 70

42 »*Alles was in dieser Stadt an Sagen und Liedern entstanden ist…*«: ›Das Stadtwappen‹, in ›Beschreibung eines Kampfes‹, Frankfurt am Main: S. Fischer 1954, S. 95; 1980, S. 71

44 »*In der Pinkassynagoge…*«: ›Tagebücher 1910–1923‹, Frankfurt am Main: S. Fischer 1951, S. 72

44 »*Ebensowenig Rettung vor Dir fand ich im Judentum…*«: ›Brief an den Vater‹, in ›Hochzeitsvorbereitungen auf dem Lande und andere Prosa aus dem Nachlaß‹, Frankfurt am Main: S. Fischer 1953, S. 197; 1980, S. 144

46 »*Ich habe den Ort gewechselt…*«: ›Der Bau‹, in ›Beschreibung eines Kampfes‹, Frankfurt am Main: S. Fischer 1954, S. 195; 1980, S. 147

46 »*Der Eingang kann täuschen, ablenken, den Angreifer quälen…*«: ›Der Bau‹, in ›Beschreibung eines Kampfes‹, Frankfurt am Main: S. Fischer 1954, S. 182; 1980, S. 138f.

48 »*Ich marschiere und mein Tempo ist das Tempo dieser Gassenseite…*«: ›Der Nachhauseweg‹, in ›Erzählungen‹, Frankfurt am Main: S. Fischer 1952, S. 38; 1980, S. 30

50 »*Es gab eine Zeit…*«: ›Gespräch mit dem Beter‹, in ›Erzählungen‹, Frankfurt am Main: S. Fischer 1952, S. 9; 1980, S. 9

52 Julie Kafka, »*Er studierte, zu was er Lust hatte…*«: ›Briefe an Felice und andere Korrespondenz aus der Verlobungszeit‹, herausgegeben von Erich Heller und Jürgen Born, Frankfurt am Main: S. Fischer 1967, S. 100

52 *So bliebe mir eigentlich doch nur übrig…*: ›Eine kleine Frau‹, in ›Erzählungen‹, Frankfurt am Main: S. Fischer 1952, S. 249; 1980, S. 187

54 »*Jemand mußte Josef K. verleumdet haben…*«: ›Der Prozeß‹, Frankfurt am Main: S. Fischer 1950, S. 9; 1980, S. 7

56 »*Ich habe einen Posten…*«: in Max Brod, ›Franz Kafka. Eine Biographie‹, Frankfurt am Main: S. Fischer 1954, S. 92

56 »*Mein Weg ist gar nicht gut…*«: in Max Brod, ›Franz Kafka. Eine Biographie‹, Frankfurt am Main: S. Fischer 1954, S. 88

58 »*Ich müßte an einem Ort sein…*«: ›Fürsprecher‹, in ›Beschreibung eines Kampfes‹, Frankfurt am Main: S. Fischer 1954, S. 137; 1980, S. 105

60 Franz Werfel, »*Stille Gegenstände werfen sich mir in die Arme…*«: Franz Werfel, ›Ich habe eine gute Tat getan‹, in ›Das lyrische Werk‹, Frankfurt am Main: S. Fischer 1967, S. 60

60 »*Heute im Kaffeehaus mit Werfel…*«: ›Tagebücher 1910–1923‹, Frankfurt am Main: S. Fischer 1951, S. 372f.

62 »*Jetzt habe ich meinen Schreibtisch genauer angeschaut…*«: ›Tagebücher 1910–1923‹, Frankfurt am Main: S. Fischer 1951, S. 32f.

64 »*Ein Käfig ging einen Vogel suchen*«: ›Die acht Oktavhefte. Das dritte Oktavheft‹, in ›Hochzeitsvorbereitungen auf dem Lande und andere Prosa aus dem Nachlaß‹, Frankfurt am Main: S. Fischer 1953, S. 82; 1980, S. 60

64 »*... über das Bureau rege ich mich durchaus nicht zuviel auf...*«: ›Briefe an Felice und andere Korrespondenz aus der Verlobungszeit‹, herausgegeben von Erich Heller und Jürgen Born, Frankfurt am Main: S. Fischer 1967, S. 102f.

66 »*Mit einem Gefängnis hätte er sich abgefunden...*«: ›»Er.«, Aufzeichnungen aus dem Jahre 1920‹, in ›Beschreibung eines Kampfes‹, Frankfurt am Main: S. Fischer 1954, S. 291f.; 1980, S. 216

68 Max Brod, »*... um 2 Uhr mittags beim Pulverturm...*«: Max Brod, ›Franz Kafka. Eine Biographie‹, Frankfurt am Main: S. Fischer 1954, S. 80

70 »*... immerfort die Vorstellung eines breiten Selchermessers...*«: ›Tagebücher 1910–1923‹, Frankfurt am Main: S. Fischer 1951, S. 305

70 »*Mein väterlicher Großvater war Fleischhauer...*«: ›Briefe an Milena‹, herausgegeben von Willy Haas, Frankfurt am Main: S. Fischer 1952, S. 76, hinter Zeile 6 (Bisher unveröffentlicht)

70 »*Vielleicht wäre für dieses Tier das Messer des Fleischers eine Erlösung...*«: ›Eine Kreuzung‹, in ›Beschreibung eines Kampfes‹, Frankfurt am Main: S. Fischer 1954, S. 110; 1980, S. 83

72 »*Wer verlassen lebt und sich doch hie und da irgendwo anschließen möchte...*«: ›Das Gassenfenster‹, in ›Erzählungen‹, Frankfurt am Main: S. Fischer 1952, S. 43; 1980, S. 34

74 »*... ich kann nicht glauben, daß in irgendeinem Märchen...*«: ›Briefe an Felice und andere Korrespondenz aus der Verlobungszeit‹, herausgegeben von Erich Heller und Jürgen Born, Frankfurt am Main: S. Fischer 1967, S. 730

76 »*... ich konnte einfach vor Traurigkeit nicht aufstehn...*«: ›Briefe an Felice und andere Korrespondenz aus der Verlobungszeit‹, herausgegeben von Erich Heller und Jürgen Born, Frankfurt am Main: S. Fischer 1967, S. 101

76 »*... nun bin ich außerdem vor dem Haustor mit der Trage eines Fleischergesellen zusammengerannt...*«: ›Briefe an Felice und andere Korrespondenz aus der Verlobungszeit‹, herausgegeben von Erich Heller und Jürgen Born, Frankfurt am Main: S. Fischer 1967, S. 51

76 »*... und dann hoch über sie hinweg ein Fleischergeselle...*«: ›Die Verwandlung‹, in ›Erzählungen‹, Frankfurt am Main: S. Fischer 1952, S. 140; 1980, S. 105f.

80 »*... ›Weg-Versperren‹, es wurde eine Wegstrecke bestimmt...*«: ›Fragmente aus Heften und losen Blättern‹, in ›Hochzeitsvorbereitungen auf dem Lande und andere Prosa aus dem Nachlaß‹, Frankfurt am Main: S. Fischer 1953, S. 251; 1980, S. 183

82 »*Schon früh und mehrere Male seitdem...*«: ›Tagebücher 1910–1923‹, Frankfurt am Main: S. Fischer 1951, S. 127f.

84 »*Ohne Vorfahren, ohne Ehe, ohne Nachkommen...*«: ›Tagebücher 1910–1923‹, Frankfurt am Main: S. Fischer 1951, S. 558

86 »*Der Gerichtshof im Hotel. Die Fahrt in der Droschke...*«: ›Tagebücher 1910–1923‹, Frankfurt am Main: S. Fischer 1951, S. 407

88 »*Jetzt, am Sonntagmorgen, waren die meisten Fenster besetzt...*«: ›Der Prozeß‹, Frankfurt am Main: S. Fischer 1950, S. 47f.; 1980, S. 34

92 »*›Nein‹, sagte der Geistliche, ›man muß nicht alles für wahr halten...‹*«: ›Der Prozeß‹, Frankfurt am Main: S. Fischer 1950, S. 264f.; 1980, S. 188

95 *»Ich saß einmal vor vielen Jahren, gewiß traurig genug, auf der Lehne des Laurenziberges...«:* ›»Er.« Aufzeichnungen aus dem Jahre 1920‹, in ›Beschreibung eines Kampfes‹, Frankfurt am Main: S. Fischer 1954, S. 293f.; 1980, S. 217f.

96 *»So verfährt also das Volk mit den vergangenen, die gegenwärtigen Herrscher aber...«:* ›Beim Bau der Chinesischen Mauer‹, in ›Beschreibung eines Kampfes‹, Frankfurt am Main: S. Fischer 1954, S. 80f.; 1980, S. 60

98 *»Ich stand auf, angeregt wie man durch alles Neue ist...«:* ›Briefe an Milena‹, herausgegeben von Willy Haas, Frankfurt am Main: S. Fischer 1952, S. 12

100 *»Fort von hier, nur fort von hier...«:* ›Fragmente aus Heften und losen Blättern‹, in ›Hochzeitsvorbereitungen auf dem Lande und andere Prosa aus dem Nachlaß‹, Frankfurt am Main: S. Fischer 1953, S. 272; 1980, S. 197

102 *»›Auswandern kann ich nicht‹, sagte K. ...«:* ›Das Schloß‹, Frankfurt am Main: S. Fischer 1951, S. 201

104 *»Füttern der Ziegen, von Mäusen durchlochtes Feld...«:* ›Tagebücher 1910–1923‹, Frankfurt am Main: S. Fischer 1951, S. 535

106 *»Das entscheidend Charakteristische dieser Welt ist ihre Vergänglichkeit...«:* ›Die acht Oktavhefte. Das vierte Oktavheft‹, in ›Hochzeitsvorbereitungen auf dem Lande und andere Prosa aus dem Nachlaß‹, Frankfurt am Main: S. Fischer 1953, S. 115; 1980, S. 85

108 *»Das Schloß in Friedland. Die vielen Möglichkeiten, es zu sehen...«:* ›Tagebuch einer Reise nach Friedland und Reichenberg‹, in ›Tagebücher 1910 bis 1923‹, Frankfurt am Main: S. Fischer 1951, S. 592

108 *»Hören Sie, Herr Landvermesser! Herr Klamm ist ein Herr...«:* ›Das Schloß‹, Frankfurt am Main: S. Fischer 1951, S. 69

110 *»Manchmal stelle ich mir die Erdkarte ausgespannt und Dich quer über sie hin ausgestreckt vor...«:* ›Brief an den Vater‹, in ›Hochzeitsvorbereitungen auf dem Lande und andere Prosa aus dem Nachlaß‹, Frankfurt am Main: S. Fischer 1953, S. 217f.; 1980, S. 158

110 *»... ständige Redensart hinsichtlich eines lungenkranken Kommis...«:* ›Brief an den Vater‹, in ›Hochzeitsvorbereitungen auf dem Lande und andere Prosa aus dem Nachlaß‹, Frankfurt am Main: S. Fischer 1953, S. 186; 1980, S. 136

112 *»... ich, Waldtier, war ja damals kaum im Wald...«:* ›Briefe an Milena‹, herausgegeben von Willy Haas, Frankfurt am Main: S. Fischer 1952, S. 223f.

112 *»Liebe ist, daß du mir das Messer bist, mit dem ich in mir wühle«:* ›Briefe an Milena‹, herausgegeben von Willy Haas, Frankfurt am Main: S. Fischer 1952, S. 225

114 *»›Immerfort wollte ich, daß ihr meinen Hunger bewundert‹, sagte der Hungerkünstler...«:* ›Ein Hungerkünstler‹, in ›Erzählungen‹, Frankfurt am Main: S. Fischer 1952, S. 267; 1980, S. 199

116 *»Du Rabe, sagte ich, du alter Unglücksrabe...«:* ›Die acht Oktavhefte. Das fünfte Oktavheft‹, in ›Hochzeitsvorbereitungen auf dem Lande und andere Prosa aus dem Nachlaß‹, Frankfurt am Main: S. Fischer 1953, S. 132; 1980, S. 97

116 *»Falls ich in nächster Zeit sterbe...«:* ›Die acht Oktavhefte. Das fünfte Oktavheft‹, in ›Hochzeitsvorbereitungen auf dem Lande und andere Prosa aus dem Nachlaß‹, Frankfurt am Main: S. Fischer 1953, S. 131; 1980, S. 97

118 *»Die Ursache dessen, daß das Urteil der Nachwelt über den Einzelnen richtiger ist...«:* ›»Er.« Aufzeichnungen aus dem Jahre 1920‹, in ›Beschreibung eines Kampfes‹, Frankfurt am Main: S. Fischer 1954, S. 298; 1980, S. 221

NEUESTER PLAN VON PRAG.
Sehenswürdigkeiten :
Tramway :
Militär-Übungs-Platz
BELVEDERE
Bruska-Bahnhof
Buštěhrader Eisenbahn
Kronprinz Rudolfs Anlagen
Rest. Panorama beim Sandthor
Exercir-Platz Marien-Schanze
Kaisergarten
Belvedere
Choteks-Str.
HRADSCHIN
Hirschgraben
IV
Georgs-Kloster u. Kirche
Theresian. Damenstift
Metropolitankirche zu St. Veit
Hofburg
Erzbischöfl. Palast
Toscana'scher Palast
Hradschiner Platz
Schloss-Stiege
Thun'scher Palast
Bruska-Caserne
Fürstenberg'scher Palast
Waldstein'scher Palast
Waldsteingasse
Landtags-Geb.
K.k. Statth.
St. Thomas
St. Cajetan
Sporner-Gasse
Landes-Milit.-Comm.-Geb.
Kleinseit. Ring
KLEINSEITE
Radetzky-Monum.
St. Josef
Belveder-Gasse
Kettensteg
K.k. Militär-Schwimmschule
Civil-Schwimmschule
Bäder
Rudolfinum
Akademie bild. K.
Marktgasse
III
Karls-Brücke
Strahower Prämonstratenser Garten
Schönborn'scher Garten
Lobkowitz'scher Garten
St. Maria de Victoria
Gend. Caserne
Seminär Garten
Aussichtsthurm 60 M.
Laurenzberg
St. Laurenz
Drahtseilbahn
Hasenburg
Aujezder Caserne
Hungermauer
Kampa
Moldau-Arm
Eul-M.
Schützen-Insel
Franzens-Kettenbrücke
Franzens-Monument
Königsbad
Altst. Wasserthurm
Karlsmühl
JOSEFSTADT
V
Agneskloster
Alt. Juden-fried.
Tempel isr. Reform.
ALTSTADT
Grosser Ring
Altst. Rathhaus
I
Clementinum. Stud. Mon.
St. Clemenskirche
Clam-Gallasscher Palast
Zeltner Gasse
K.k. Handelsg.
K.k. Bezirksg.
K.k. Begatel. G.
Universität
Deut. Landes Theater
Stadt. Sparkas.
Annakloster
Deut. tech. Hochschule
Bethlehems-Platz
Gew. Museum
Kohlenmarkt
Kreuz-Capelle
Polizeidirect. Gebäude
B. Sparkassageb.
Ferdinands-Strasse
Deut. Mädch. Lyceum
Jungmann-Monum.
Landes-Bank
Čechisches Nat. Theater
Schiesshaus
Tyl Platz
Neubad
Schwimm Schule
Bäder Sofien-Insel
Albrechts-Caserne
Juden-Insel
Ferdinands-Quai
Petřin
MOLDAU
Villa
Kinsky'scher Garten
Karls Strasse
Schitkauer M.
Petržilkische M.
St. Phil. u. Jacob
Jakobs G.
Schwestern v. Herzen Jesu
Kanclířka
Botanischer Garten
St. Wenzels-Basilika
Rathhaus
Bäder
Pilsner Strasse
Palacky Strasse
Komensky Strasse
Podskaler stein. Brücke (Palacky Brücke)
Schwimmschule
SMICHOW
Moldau-Gasse
Akt. Bräuhaus
Libuša-Gasse
Oberer Quai
Quai
Palacky
Halek's Statue
K.k. L.a. St. G.
Korn Gasse
Čech. technische Hochschule
Karls Platz
Resselgasse
Gersten-Gasse
Stefanskirche
NEUSTADT
Garnisons Spital
II
Franz Josef Kinder-Spital
Taubstumm. Instit.
Allgemeines Krankenhaus
St. Katharina
Irrenanstalt
Emaus
Hl. Dreifalt.
St. Apolinar
Gebäranstalt
Vereinsgarten
St. Elisabeth
Städt. Siechenh.
St. Maria Himmelf.
Podskaler Strasse
Wyschehrader Strasse
Moldau-Quai
Wassergasse
Jungmanns Strasse
Wenzels Platz
Stefans Gasse
Heinrichsgasse
St. Maria Schnee

Moldau-Gasse
Moldau-Gasse
U
S
S
L
St. Klement
Weg nach Baumgarten
Schwimmschule
K.k. Milit. Schwimmschule
Bäder
Hetz Insel
(Gross Venedig)
Staatsbahnbrücke
nach Königgrätz
Nordwestbahnhof
Invalidenhaus
Kronen-Insel
Ufer-Gasse
Ufer-Strasse
Bäder
Königs
Karls
Strasse
Podĕbrad
Gasse
Jungmann platz
Palacký
Militär Friedhof
Evang. Friedh.
Staatsbahn nach W
KAROLINENTHAL
Schiff-Mühlen
Färber-Gasse
Nordwest Bahnhof
Peters-Gasse
St. Peter
Königs-Strasse
Havlíček g.
Weinberg Str.
Ferdinands-Caserne
SS. Cyrill u. Method
Komenský G.
Kollár G.
Žižka
Strasse
Palacký
Théâtre Variété
Städt. Museum
Strasse
Florenz-Gasse
Staatsbahnhof
Reiter-Gasse
Rožmitalka
Böhm. Nordbahn
Čapkova
Žižkaberg
Hus-Strasse
Hus-Strasse
Žižka Platz
Podĕbrad-Strasse
Hus Strasse
Prokop Platz
Rohač Gasse
Komenský Platz
Parukářka
Hypoth. Bank
Heuwags-Platz
Bolzanog.
Karls-Str.
Constanz Platz
Ambros G.
Dalimil g.
ŽIŽKOW
Karls-Strasse
Gasanstalt
Sklenařka
Štítný
Gasse
Chlum
Prokop Strasse
Jesenius
Fiedermühle
Stadt Park
Heinrich
Leihamt
Marien
Franz-Josefs-Bahnhof
Staatsbahnhof
Böhm. Nordbahnhof
Přemysl-Gasse
Sladkovský Platz
Palacký Strasse
Rieger Gasse
Paradiesgarten
Libušag.
Gasse
Taboriteng.
Wolschan
St. Rochus
Deut. Turnhalle
Park
Gasse
Wyšinka
Libuša-Gasse
St. Crucis
Israel. Friedhof
Vozová
Kuchynka
Švihovka
Wendelinka
Wolschaner Friedhöfe
Neues deut. Theater
Žižka-Gasse
Bořiwojgasse
Museum
Jungmann-Str.
Deutsches Volks-Theater
Brandl
Bäder
Balbin-Gasse
Zdekauerischer (Canalscher) Garten
Cikánka
Nach Schwarz-Kostelet
Jungmann-Strasse
Palacký Str.
Chocholoušek Gasse
Arena
Kuhstall
Karls Strasse
Tyl Platz
Purkyně Platz
WEINBERGE
Reservoir
Feslova
Vávra
Gasse
Nigrinka
Palacký Strasse
Hálek
Havlíček Str.
Kollár Gasse
Komenský Gasse
Erben-Gasse
Šafránka
Koubek G.
Mácha Gasse
Kozačka
Barák Gasse
Hus Gasse
Jungmann G.
Jablonský G.
Villa Gröbe
Čelakovský
Osvĕta
Orlová
WRSCHOWITZ
Kleovka
Vronařka
Friedhof
Na Kovárnĕ
nach Strašnic
Havlíček Str.
Botič-Bach
K. k. Train-Zeugs-Depôt